融媒体版
入眼·入脑·入手
易教·乐学

"十四五"职业教育国家规划教材

直播电商实务

ZHIBO DIANSHANG SHIWU

主 编◎吴玉红 高 阳

副主编◎马静文

参 编◎熊 韬 王 丽 鲁 悦

　　　　赵亚娟 张传莉

北京师范大学出版集团
BEIJING NORMAL UNIVERSITY PUBLISHING GROUP
北京师范大学出版社

图书在版编目（CIP）数据

直播电商实务／吴玉红，高阳主编. — 北京：北京师范大学出版社，2021.11（2024.8重印）

ISBN 978-7-303-27567-0

Ⅰ．①直… Ⅱ．①吴… ②高… Ⅲ．①网络营销－中等专业学校－教材 Ⅳ．①F713.365.2

中国版本图书馆CIP数据核字（2021）第260343号

教 材 意 见 反 馈：zhijiao@bnupg.com
营 销 中 心 电 话：010-58802755　58801876
编 辑 部 电 话：010-58807663

ZHIBO DIANSHANG SHIWU

出版发行：北京师范大学出版社 www.bnupg.com
　　　　　北京市西城区新街口外大街12-3号
　　　　　邮政编码：100088
印　　刷：鸿博睿特（天津）印刷科技有限公司
经　　销：全国新华书店
开　　本：889mm×1194mm　1/16
印　　张：10.75
字　　数：310千字
版　　次：2021年11月第1版
印　　次：2024年8月第4次印刷
定　　价：38.00元

策划编辑：鲁晓双　苏丽娅　　　　责任编辑：鲁晓双　苏丽娅
美术编辑：焦　丽　　　　　　　　装帧设计：焦　丽
责任校对：段立超　王志远　　　　责任印制：马　洁　赵　龙

前　言

随着互联网技术和电子商务的不断发展，网络直播已经发展成为新时代的新产业，"图文+短视频+直播"的沉浸式商品浏览已经成为线上导购的必备场景。直播电商不仅缩短了供应链环节，减少了信息差，提高了用户信息的反馈速度，还通过更真实、精准、稳定的需求反馈实现产业间的深度合作与共赢。截至2021年6月，我国网络直播用户规模达6.38亿，直播电商行业发展势头强劲。党的二十大报告指出，加快发展数字经济，促进数字经济和实体经济深度融合，打造具有国际竞争力的数字产业集群。直播电商作为一种新型的商业模式和商业业态，在增加就业、扩大内需、促进数字经济发展等方面发挥了积极作用。

2020年，人力资源社会保障部等部门在"互联网营销师"职业下增设"直播销售员"工种，"带货主播"成为正式职业。2021年，《职业教育专业目录（2021年）》在"电子商务"类中新增了"直播电商服务"专业。伴随着直播电商行业生态圈的逐步完善，企业对"直播+电商"人才的需求越来越大，职业院校师生和相关从业人员迫切需要一套系统、实用的直播电商教材和学材。

为适应"十四五"国家经济社会发展和2035年远景目标对职业教育的要求，推进"岗课赛证融通"的高技能人才培养模式，根据直播电商课程特征和相关岗位技能要求编写了本教材。本教材对接职业标准和工作过程，吸收行业发展的新知识、新技术、新工艺、新方法，联合当前主流直播电商平台，校企合作共同开发，充分体现岗位技能、通用技术、技能竞赛、行业证书等内容。一切从实际出发，着眼解决新时代改革开放和社会主义现代化建设的实际问题。

本教材以习近平新时代中国特色社会主义思想为指导，在设计内容时根据新形态教材建设相关要求，本着"毕业即能上岗、上岗即能操作"的原则，并将课程思政融入教材中，注重学生职业核心素养的培育，构建以学习者为中心的教育生态，注重模块化设计并实施项目式教学，教材由"直播电商概述""筹备电商直播""策划直播内容和场景""开展电商直播""直播引流与运营维护"5个项目组成，共安排14个任务，每个任务中包含若干个活动，并围绕"课程学习、岗位能力、技能竞赛、1+X证书"等指标，设计了"直击大赛""知识链接""拓展阅读""团队实训""项目评价"等栏目，让学生切实了解自身学习情况，为实习和就业提供了一定的参考依据。本教材配备微课、教案、课件、案例、习题及答案等数字资源。

本教材由合肥市经贸旅游学校吴玉红、铜陵市中等职业技术教育中心高阳担任主编，合肥市经贸旅游学校马静文担任副主编，全书编写分工如下：项目一由六安技师学院熊韬编写，项目二由安徽省科技贸易学校王丽编写，项目三由合肥市经贸旅游学校马静文编写，项目四由铜陵市中等职业技术教育中心鲁悦、赵亚娟编写，项目五由合肥市经贸旅游学校吴玉红、张传莉编写。吴玉红负责统稿、审校等工作，高阳负责数字资源的统筹与整理工作。

在本教材编写过程中，编写组参阅了相关著作和部分网页资料，同时得到了北京博导前程股份有限公司吴新华、北京快手科技有限公司夏磊、铜陵直播学院周国敏等人的指导，在此一并表示感谢！教材中不可避免地使用了一些电商网站图片，如有疑问，请联系编辑部邮箱（lxs@bnupg.com）。由于编者水平有限，本教材难免存在疏漏之处，恳请广大读者批评指正，使教材在不断修订中完善。

编　者

目 录
CONTENTS

项目1 直播电商概述

项目概述

　　晓雯（女）是某学校电子商务专业的新生，经过一段时间的专业课学习，她对新兴的直播电商行业产生了浓厚兴趣。因此，晓雯利用课余时间查找相关资料，认真研究学习。通过学习，她了解到直播电商兴起的原因，直播电商的特点、价值，与传统电商的区别以及发展趋势。同时，晓雯考虑到直播电商行业可以作为将来就业方向，还特意查找从业人员的基本素养，希望为将来就业打下基础。

知识目标

　　1. 了解直播电商的概念、兴起与发展趋势。

　　2. 认识直播电商的特点和价值。

　　3. 认识直播电商对比传统电商的优势。

能力目标

　　1. 知悉直播电商行业基本情况。

　　2. 掌握直播电商行业从业人员职业道德和职业技能要求。

素养目标

　　1. 主动了解直播电商，培养专业兴趣。

　　2. 通过实操训练，培养团队合作意识和沟通、组织能力。

任务一 走进直播电商

任务描述

晓雯是电子商务专业的学生，本学期电商专业新开设了"直播电商"课程，这门专业课引起晓雯的强烈兴趣。她准备通过课程学习，了解直播电商行业基础知识，掌握基本的行业工作技能，以便未来能顺利从事相关行业。

任务分解

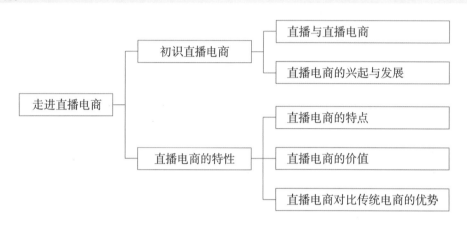

活动一 初识直播电商

晓雯发现身边的朋友闲暇之时都热衷于看直播：喜欢传统文化的雨菲关注了在抖音平台教扬州绒花制作的老手艺人，通过直播传承中华优秀传统文化，得到新时代年轻人关注喜欢，除此之外，爱漂亮的珊珊喜欢看小红书平台美妆博主直播教学化妆，热衷网购的小倩总是准时进入淘宝直播间……直播平台五花八门，内容丰富多彩，网友与主播、网友与网友之间都可以实时互动。晓雯感慨：难怪大家都喜欢看直播，这就是一种新的社交方式嘛。她很好奇，直播这种新的社交方式是怎么兴起的？

一、直播与直播电商

（一）直播

直播（LIVE）的意思是现场播报。按照我国互联网受众的观点划分，直播可以分为两类：一类是通过网络观看的电视直播节目，如各类时政新闻、体育比赛、大型活动的直播，这类直播是将电视模拟信号采集并转换为数字信号输入电脑，实时上传网站供人观看，相当于"网络电视"；另一类则是真正意义上的网络视频直播，通过在现场架设独立的信号采集设备导入导播端，再通过网络上传至服务器，发布至网站供人观看。比如，2020年突如其来的新冠肺炎疫情，我们坚持人民至上、生命至上，统筹疫情防控建造武汉火神山医院，当时利用5G技术全天候直播建设进度，每天有约5000万网友在线"云监工"，成为现象级事件。

一般来说，电视直播偏向重大的事件报道，代表传统媒体的严肃性和权威性。而网络直播则显得轻松自在，具有更强的互动性和娱乐性。随着互联网技术的发展，直播的概念有了新的拓展，也有更多的人关注网络直播。大众通过网络，在线收看游戏竞技、体育赛事或者娱乐新闻，有了更为广阔、自由的选择空间。

说到直播的兴起就得追溯到2016年，这是我国直播发展史上载入史册的一年——仅在2016年上半年，直播融资金额就已超过10亿元，网络直播用户数超过了1.8亿，被业界称为"直播元年"。各大网络平台都开始打起"直播牌"，各类直播平台犹如雨后春笋般兴起，比如：主打游戏竞技的斗鱼和虎牙，首开秀场模式的9158和六间房，弹幕网站Bilibili，甚至微博和微信都开始尝试直播，直播的巅峰时代由此开始。经过几年的发展，到2020年，国内直播用户已达5.87亿。直播类App TikTok（抖音国际版）早已走出国门，截至2021年上半年全球下载量已达30亿次，超越Facebook和Instagram等海外主流大平台，成为下载量世界排名第一的App。显然，直播已经是当下最受人们欢迎的社交方式之一。

（二）直播电商

直播电商在直播的基础上发展而来，借鉴直播的形式吸引流量，以此促进产品销售，本质仍然是一种促销手段。所谓直播电商，是利用直播与电商相结合的形式，将线上购物通过直播的形式呈现，依靠主播的话术带动用户消费的商业模式。直播电商通过主播在线介绍产品，用户可以随时提出诉求与主播互动，用户与用户之间也可以通过弹幕方式互动，形成"社

图1-1-1　抖音平台直播定位

交+购物"的消费模式。在这样的促销模式下，一方面，用户的诉求可以较快得到回应，消除了线上购物的距离感；另一方面，通过社交建立了主播与消费者之间的情感纽带，更能促使消费者购买产品。

在泛娱乐化的现代社会中，通过打造高质量的社交模式给客户带来良好的购物体验是未来的发展趋势，这也是传统电商向直播电商转化的缘由。直播电商被越来越多的商家和消费者追捧是基于其强大的沉浸式互动体验，观众通过在直播中留言、发送弹幕的方式，与销售人员进行直接对话，实现了客户与商家的社交。同时，观众还可以给其他人的留言、发弹幕，实现观众之间的社交。

二、直播电商的兴起与发展

（一）直播电商的兴起

直播电商伴随着直播的风口诞生，其发展的初衷仅是为了提高用户在平台的停留时间。随着人气聚集，直播电商的经济效益开始显露，iiMedia Research（艾媒咨询）数据显示：2020年，中国移动电商用户规模达7.88亿，直播电商交易规模达9160亿元。直播电商吸引了一大批新媒体平台和海量从业人员加入。

对此，网络解决方案供应商思科（Cisco）发布网络指标预测：到2021年，全球IP数据流量将达55亿，IP和流量成为市场与消费者的代名词，这为快速发展的直播电商提供了更大的机会。各大电商平台不断增加直播比重，利用直播自带流量的天然优势，打造全平台"直播+营销"模式，突破传统电商商品信息传递不够丰富、缺乏互动性、变现率低等弊端，以此引导传统电商变革。巨大的流量带来了巨大的利益，商家、平台、主播和消费者四方都受益

于直播电商模式，因此在各方利益的共同驱动下，直播电商迅速发展起来。

中国直播电商行业的发展经历了四个阶段：第一阶段（2016年）属于萌芽期，在这个阶段直播平台试图以"直播+内容+电商"提高用户黏性，让直播带来的巨大流量变现；第二阶段（2017年）属于探索期，经过萌芽期的发展，直播电商行业开始分化，各种不同的角色出现，如MCN机构、供应商等，行业开始走向精细化。第三阶段（2018—2019年）属于成长期，直播电商开始往主播、供应链等产业上下游资源整合的大方向发展，着手解决产业周期长的问题。第四阶段（2020年至今）属于规范期，直播电商行业进一步规范，不同直播模式之间也逐渐分化。

（二）直播电商的发展趋势

1. 直播电商将成为未来营销方案的标配

在全民直播时代，流量是未来市场竞争的核心，而传统的文字、图片、视频广告已经不再是创造流量市场的最佳方式。随着直播电商的出现，许多企业纷纷跳出传统的广告模式，开始使用直播的方式来扩建流量市场，直播已然成为未来营销方案的标配。

2. 共享互动成为直播电商行业发展新热点

随着互联网技术的创新以及5G技术的普及，在线直播的流畅度和画面清晰度将大幅度提升，主播之间的联动合作将会更加便捷，这些将有效打破圈层壁垒，实现不同领域观众的互动。随着技术的进一步成熟，在线直播工具及特效愈发丰富，在线直播平台将继续借助技术为其赋能，不断升级更新自身软硬件条件，并实现布局更多业务的可能，为用户带来更好的观看体验，比如VR虚拟现实技术让用户实现高仿真式购物体验。如图1-1-2所示。

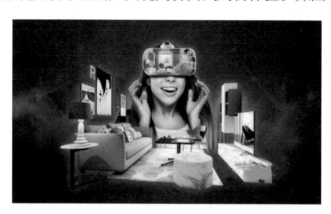

图1-1-2　所见即所得的VR购物新体验

3. 法律法规助推直播电商行业规范化发展

直播电商行业高速发展，前期呈现野蛮化生长模式，缺乏相应的监管措施，因此产生了不少社会问题，比如引发公众关注的未成年人保护、个人信息安全、假冒伪劣产品、虚假广告等问题。近年来针对直播行业的各项政策接连出台，相关法律法规逐步完善，直播电商愈加规范，准入门槛逐步提升，直播电商将在健康的氛围下实现更快发展。

4. 创新商业变现形式，拓展直播电商盈利渠道

随着直播用户规模增长变缓，以用户数量为支撑的流量经济增速也随之放缓，在此趋势下直播电商需要拓宽业务边界，创新直播模式。比如：直播平台顺应知识经济潮流培育用户付费习惯；加强营销产业链合作升级，拓展内容营销和互动营销形式，制作泛娱乐节目和赛

事IP等吸引潜在用户；拓展助农直播、文旅推广等形式，进一步扩大用户规模。

5. 完善培训体系推动直播电商高质量发展

伴随着直播电商的兴起，直播相关的产业也随之增长。数据显示，截至2021年第二季度，直播培训企业已经增长至2549家，较2020年同比年增长262.6%。直播培训的增长促使主播素质和专业化水平提高，有利于行业向高质量方向发展。

拓展阅读

海外留学生在拉萨进行直播带货初体验

中国传媒大学的留学生们来到西藏自治区拉萨市电子商务产业园进行直播带货体验。在产品展示区，有来自西藏各地的特色产品，如藏香、羊毛制品、特色文创品等。在藏族主播白玛旺姆的介绍下，留学生们挑选了适合各自特点的产品进行直播带货。

白玛旺姆出生于一个牧民家庭，曾是一名牧民，在新冠肺炎疫情期间接触到了直播带货，便开始尝试自己坐在镜头前推销西藏本土特色产品。在她的教学下，留学生们很快了解各自所售产品的特点、价格及介绍方式，经过临时培训后，各位新手主播便开始直播带货了。

"我现在戴的这个帽子质量很好，上面还有藏族传统的花纹，而且现在还有折扣，喜欢的朋友赶紧下单吧。"来自埃及的留学生高博毅挑选了含羊毛的藏式礼帽，他用一口流利的汉语对产品进行推销。

"我之前有了解过直播带货，但是没有想到西藏也有，而且是把很多融入当地文化的产品集合在一起，这样可以把自己民族的文化传递给更多人。在我们国家网购才刚刚兴起，还没有直播带货，听白玛旺姆说下单后还能当天发货，真的很厉害。"来自乌克兰的留学生Nika在直播后感触颇深。

标准的普通话和富有异域风情的面孔，让直播间瞬间人气高涨。直播时，留学生们认真地介绍售卖的产品，积极与直播间的观众进行互动，短短十几分钟的时间里留学生们共卖出了6件产品，此次直播初体验完美收官。（文章选自人民网西藏频道）

活动二 直播电商的特性

经过学习，晓雯对直播电商有了初步的了解，不过她仍然有很多困惑。比如：直播电商作为新兴行业有什么特点？它比传统电商有何优势？于是，晓雯开始探究直播电商的特性。

一、直播电商的特点

1. 社交性

直播电商具备"当场、同台、互动交流"特点，主播现场直播，观众可以和主播互动，也可以跟其他的观众沟通交流。因为观众不仅是为了购物进入直播间，同时也把它当作一种娱乐方式。直播特有的强大交互功能，打破了空间的界限，为用户打造出独特的社交式购物体验，使用户获得沉浸感，也更容易得到用户的信赖。

2. 社群性

大数据分类和推荐技术带来了更强的"人以群分"的效应，主播和消费者之间不再是单纯的买卖关系，而是构成了情感互助的社群关系。群体分类精准，使广告投放的效益更高，因此电商直播平台也是受众多广告公司和产品公司青睐的广告植入地。

3. IP属性

IP是知识产权的简称，在直播行业里"头部主播"具有很强的IP属性，他们在用户心中具有独特的标签，甚至是一种情感的寄托，直播电商的背后是当下人们消费需求的升级，因此主播在很大程度上能决定一次直播带货的成功与否。直播电商通过消费数据及消费引导，让商业与情感的传递更为紧密，进而更好地满足用户的需求。

4. 真实性

直播电商有别于传统电商展示商品信息不够丰富的缺点，直播间提供360度全景实时展示，再配合主播及时地答疑解惑，能够最大程度真实还原产品信息，增强消费者对企业和产品的信任。例如，生产产品对企业来说是司空见惯的事，却让消费者很好奇，有的企业通过直播生产过程，拉近了用户与企业的距离，使产品更受用户信赖。如图1-1-3所示。

图1-1-3 某品牌透明工厂直播

二、直播电商的价值

（一）提升品牌形象，促进产品销售

"直播+电商"模式发展的初衷就是为了增加关注，扩大产品影响力。因为品牌是企业的无形资产，良好的品牌形象可以促进产品销售。企业树立品牌形象绝非易事，通常需要漫长的建设过程，最终才能让品牌形象植入大众的内心。即使建立了优质的品牌形象也并非一劳永逸的，后期的维护同样重要。所以，企业需要一些持续创造品牌价值的手段，直播电商正是企业对品牌价值进行维护的有效途径，具体体现为以下方面。

认识直播电商
的价值

1. 提高品牌曝光率

直播平台聚集了互联网中的海量流量，把品牌丢入这个"流量池"，自然会引起关注。值得注意的是，企业应不断创新直播内容，向消费者展示最新颖、最有趣的品牌文化内涵，才能在"流量池"中不断地吸收流量。否则，即使直播为品牌带来了价值，也是短暂的。因为当消费者无法获得新颖、有趣的内容时，就会在心理上产生厌倦，最终会导致品牌价值的流失。

2. 培养品牌忠实用户

当下，消费者在购物中会表现出强烈的情感色彩，满足消费者某种情感需求的产品更容易在众多竞争品中脱颖而出。直播电商塑造品牌形象就是利用情感纽带抓住消费者的内心，使消费者对品牌更加忠诚。

3. 精准定位消费群体

直播的出现改变了以往企业费尽心思开拓消费市场的局面，它不仅可以轻松地给产品找到相应的市场，甚至可以让消费者主动进入产品的销售市场中。同时，直播的精细化能够帮助产品精确定位消费者群体。观众在根据自己的兴趣选择直播内容的时候，就已经进行了自我分类，这使互联网中的流量在各个领域中的分化、聚集更加明确，让不同的产品能够通过直播平台定位到准确的流量市场。

4. 维护和拓展销售渠道

一方面，企业通过直播的形式与消费者保持互动，维护了老客户；另一方面，企业利用直播电商进行宣传促销，极大地减少开拓新渠道的成本，而且通过吸引新用户的关注，拓展了新的客户群。

（二）增强用户购物体验，降低交易成本

在碎片化阅读时代，用户不愿意花费太多时间研究商品文字、图片信息，更便捷、更直观的直播往往能吸引用户的眼球。满足用户的心理需求，减少时间成本支出的直播电商可以增加用户购物体验感，降低交易成本。

1. 充分展示产品信息

通过直播介绍产品特性、使用方法、注意事项等，使消费者对产品能有更全面的认识，消费者还可以要求主播对感兴趣的产品重点介绍。

2. 增加购物趣味性

电商主播可以在线与用户进行实时互动。在直播间，用户不懂的问题可以在线向主播提问，主播及时给予回答。同时在直播中还有很多互动活动环节，如抽奖、抢优惠券、发红包等，这些活动都可以增强用户在直播间中的活跃度和参与感。

3. 降低交易成本

一方面，直播电商聚合零散消费者，缩短商品流通环节，"双管齐下"形成明显的价格优势；另一方面，MCN专业选品团队从海量商品中选出性价比高的人气产品，极大减轻消费者搜索商品的时间成本。

（三）有效整合资源，助力农村经济发展

艾媒咨询数据显示，约有24.1%的观众选择观看助农直播，其中有98.3%的观众会选择在直播间购买农副产品。一方面，观众对原产地直供的农副产品放心，愿意购买；另一方面，主播的高人气吸引用户关注。另外，"以买代捐"帮助农民增收也是观众选择在直播间购买农副产品的重要原因。目前，全国八百三十二个贫困县全部摘帽，近一亿农村贫困人口实现脱贫，九百六十多万贫困人口实现易地搬迁，历史性地解决了绝对贫困问题，为全球减贫事业作出了重大贡献。

1. 拓宽农产品销售渠道

农副产品滞销的关键是缺乏宣传，没有销售渠道，优质产品不为人所知。而直播电商为农村经济发展提供一个新的发力点：利用直播电商自带的流量优势，将流量转变成农产品销

量。直播带货走进田间地头，广阔的田野就是直播间，消费者能直观看到农产品原产地种植状况，会对品质更放心。借助直播电商，繁华都市与偏僻乡村不再有空间的隔阂，优质的农产品被更多人知晓。

2. 促进农村经济多元化发展

直播电商的宣传效应和信息推广可以促进农业产业结构调整，延长农产品产业链，为农业可持续发展奠定基础。当地政府也可以利用直播宣传推广当地风土人情，加强当地旅游产业的开发，比如开发旅游体验项目，让消费者亲自参与到农产品种植和生产环节中，增加旅游的乐趣。还可以开展民宿、农家乐等项目，让消费者能深入地体验当地的风土人情，增加农民经营收入。

拓展阅读

中国最大的菠萝生产基地，既不在海南也不在台湾，而是在广东省湛江市徐闻县。在徐闻县东部丘陵山野上，35万亩菠萝园已有近百年的种植历史，形成了中国最为壮美的菠萝种植景观带。徐闻县菠萝种植面积达35万亩，年产量约占全国的38%、全省的60%，10个中国菠萝，就有3个来自徐闻。

很多人不知道，从前，在徐闻这么一个每年都会以"菠萝的海"图片刷屏的网红县，居然要为了卖菠萝发愁。去年徐闻菠萝的集中成熟期，恰好就是"新冠"疫情最严重的时候，农产品流通链受阻，农民一下子遇到了采摘难、运输难、销售难等难题。

图1-1-4 徐闻菠萝成熟了

这次带着《羊城晚报》记者提前感受这片网红土地的，正是去年走红的"菠萝妹妹"王小颖，"去年3月，我站在菠萝地里，和当地副县长搭档第一次直播卖菠萝。当天直播累计4万多名采购商在线观看，当场订货165万斤。我第一次发现，原来直播的力量这么大！"

此后，直播带货成为徐闻菠萝的主要销售模式之一，徐闻七镇镇长直播销售，40分钟"云销售"280万斤徐闻菠萝；妇女节徐闻县县长直播带货，销售徐闻菠萝11.6万斤……2020年6月，徐闻菠萝主产镇曲界镇仅邮储银行农户存款余额就达12.56亿元，同比增长高达26.68%。这个春节，云市场也已经成为了徐闻菠萝的大市场，各个菠萝种植专业合作社的短视频营销早就准备好。在广东省农业农村厅的大力推动下，广东正利用短视频营销，实现从农产品销售到农产品品牌及产业打造。（节选自《羊城晚报》）

徐闻菠萝全国有名，但面对新冠肺炎疫情的影响也需借助直播销售的方式摆脱困境。在新的市场形势下，直播电商对促进农产品销售的积极影响有哪些？你能举例说明吗？假如你是当地农业部门负责人，你认为应该如何利用直播电商促进菠萝的销售。

三、直播电商对比传统电商的优势

网上购物已经成为当代人重要购物渠道，截至2020年中国网络购物人数达到7.8亿，如图1-1-5所示，为了吸引消费者的关注，各大电商平台之间的竞争已趋近白热化，与此同时，平台内部各商家之间的竞争也同样激烈。在完全竞争市场条件下，传统电商传递信息的方式已经无法聚拢用户注意力，如何吸引流量是整个电商行业的痛点，吸引用户的注意力也成为品牌营销的战略重点。直播以社交、互动为主，它的出现填补了传统电商的缺陷，为营销模式的转变带来了新希望。

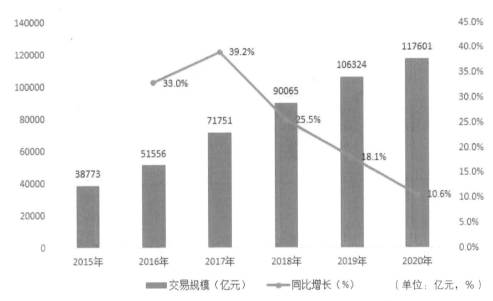

图1-1-5　2015—2020年中国网络市场购物交易规模增长图

相对于传统电商，直播电商在产品呈现形式、交易成本、社交属性、购物体验感和售卖逻辑多个维度都具有显著的优势。

（一）信息优势：即时互动的形式可以提供更好的购物体验

传统电商通常以图文形式来介绍商品，信息承载效率低，想要展示更多的商品信息就必须增加图文的内容和长度，也会增加消费者的阅读成本。相较而言，视频内容信息含量更为丰富，具有趣味性高、阅读门槛低等优势，视频已经成为最受互联网用户喜欢的内容形式；特别是对于体验性、操作性较强的商品，直播演示可以更加全面、细致地向消费者展示商品，让消费者获得更加准确和真实的商品信息。同时，相比于传统电商的客服问答式互动，直播带货中主播可以通过评论、弹幕等与消费者进行实时互动，为消费者提供更好的购物体验；特别是对于美妆类、服装类、珠宝类商品，主播通常在直播间中通过上妆、试货等形式展示商品的使用效果，给消费者带来"所见即所得"的体验感。

（二）内容优势：消费娱乐化，抢夺眼球是关键

直播带货是消费行为娱乐化的表现，本质上是一种商品消费与内容消费相结合的新模

式。这种新模式为传统的网络购物注入了剧情、时尚、趣味等多重娱乐属性。商品展示和直播内容质量是消费者在观看直播电商时最为关注的两个因素。消费者观看直播购物不再只是单纯进行商品消费，而是在一定程度上进行内容消费。直播电商自带娱乐属性，在获取消费者注意力方面与传统电商相比优势明显。如图1-1-6所示。

图1-1-6　主播向观众展示商品

（三）信任优势：网红经济提高转化效率

直播的形式为网络购物注入了情感属性，能够建立主播与消费者之间的信任关系。在直播中，主播可以通过视频来营造自己鲜明的人设，通过内容输出来增强与消费者的情感联系，更容易与消费者形成信任关系。而且相比于传统电商，直播电商还可以通过弹幕、评论等互动环节来增加主播与消费者之间的社交关系，这种社交关系的裂变进一步加深了主播与消费者之间的情感联系，可以大大提高获客效率和转化效率。

直播电商把传统电商"人对货"的购物模式发展成"人对人"的模式，网购用户的消费习惯也慢慢从"为品牌买单"转变为"为人设买单""为信任买单"。

（四）供应链优势：聚合零散消费者，缩短商品流通环节，形成明显的价格优势

直播电商往往具有明显的价格优势，特别是头部主播的带货商品，在考虑优惠券、赠品后，其商品价格与品牌旗舰店相比有3～7折的优惠（数据来源于草根调研）。这种价格差异来源于直播电商的供应链优势，一方面直播电商通过聚合零散消费者得到巨大的购买量，所以对上游供应商具有较强的议价能力；另一方面主播依托庞大的流量和专业的MCN选品团队，可以直接触及供应链上游，缩短了不必要的供应环节，降低流通成本，因而可以获得更低的进货成本。与此同时，直播带货通过主播的影响力来进行商品推广，节省了广告营销费用，进一步压低了商品价格。

在直播电商模式下，商家获得利润、平台吸引流量、主播收获人气、消费者得到实惠，也就是说商家、平台、主播、消费者四方都会受益。

任务二　了解直播电商岗位及从业人员素养

任务描述

通过前面内容的学习，晓雯对直播电商已经有所了解，不过随着认识的加深，她也意识到行业存在的问题，比如：从业人员质量良莠不齐，部分主播过度追逐金钱而忽视道德，甚至触碰法律底线。晓雯认为一个行业要想良性发展，就必须建立行业准入门槛、提高从业人员素养。所以晓雯也在积极学习、了解直播电商行业岗位设置、职业技能及从业人员素养。

任务分解

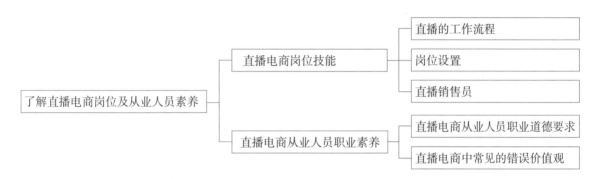

活动一　直播电商岗位技能

晓雯有意向将来从事直播电商行业，不过她还不清楚从业人员应该具备哪些技能。晓雯决定先从了解直播团队岗位设置开始，逐步学习各岗位技能要求，再结合自己的兴趣和特长考虑最适合自己的岗位。

直播能否做好，不是仅靠主播一个人，而是需要团队的协同合作。一场成功的直播带货少不了团队对直播进行了完整的策划安排，从前期的选品、策划活动方案到直播环节的布景、灯光、场控，以及后期的数据统计、效果反馈，都需要专业人士的精心策划安排，优秀的团队和合理的分工，才能确保一场直播的成功。

一、直播的工作流程

要想在一场精彩的直播活动中和粉丝充分互动、吸引流量，需要预先策划、充分协调和良好实施，才能达到预计的效果。

1. 策划

策划直播活动具体流程包括选品、产品定价、直播脚本准备、宣传推广等。

（1）选品。一般来说，直播间会准备三类产品：福利产品、爆款产品和利润产品。福利产品用来抽奖赠送达到引流的目的；爆款产品是最具有性价比的产品，销量最大；高利润产品是直播间的明星产品，价位相对高，用来提升利润。产品合理搭配才能既保证直播间人气，又保证直播间盈利。MCN选品团队就是保证直播间的产品的品种、质量、价格都较合理的。如图1-2-1所示。

（2）产品定价。在直播前期粉丝数较少的时候，最好是通过低价来吸引用户，直播后期累积了一定的粉丝后，价格不再是唯一的吸粉因素，那么直播团队就可以根据产品的质

图1-2-1 MCN选品团队

量、款式等来进行合理定价。

（3）直播脚本准备。直播脚本包括明确直播主题、把控直播节奏、调度直播分工、开场的预热、直播间的互动、产品讲解、产品测评、抽奖环节、案例分享等。直播前，直播团队按照脚本进行演练来熟悉流程，这样在直播中才能有条不紊，达到好的直播效果。

（4）宣传推广。直播活动之前要先做预热和引流，提前告知观众直播的时间，可以提前透露部分将要直播的产品信息或者直播间福利以吸引流量。

2. 协调

为了保证直播的顺利进行，场务需要负责搭建直播间，按照策划要求进行布置。安排调试好灯光、网络、电脑、外置声卡、麦克风、监听耳机和摄像头等软硬件设备。同时将活动方案与直播电商平台协调沟通，包括直播产品、内容、活动方案，要符合平台操控要求。各负责人对直播的前期宣传和方案策划、中后期的直播活动及分析做到落地执行，为避免直播中出现问题，需要准备一份应急方案。

3. 实施

直播活动一般包括开场、产品介绍、互动、结束语等。

（1）开场。准时开播，不能迟到，主播在开播后马上进入状态。开场白提前练习好，以2小时直播的活动为例，前10～15分钟主播需要预先介绍下本次直播的商品和品牌，必要时保留悬念，然后再进入具体的产品介绍环节。

（2）产品介绍。每个产品介绍时间为5～10分钟，重点产品可以适当长一些。讲解时需要穿插产品的基础知识、产品特点、使用方法和使用场景。如产品卖点是什么，需要让观众明白为什么值得买；使用场景是什么，让观众明白为什么需要买；通过一些利益点引导下单，让观众意识到必须买；反复介绍限时促销机制，让观众立刻下单。

（3）互动。在直播中每半小时左右进行抽奖、推广、发红包、秒杀等互动环节。直播过程中，主播要多感谢关注的人，多引导关注、点赞，多介绍本场活动及本账号。整场节奏速度要快，营造紧张火热的气氛。

（4）结束语。一场直播即将结束时需要提前告知观众，并再次感谢观众观看直播，提醒观众关注主播及本账号，并介绍下一场直播的时间、产品信息和直播间福利。

二、岗位设置

1. 主播

主播在直播电商中相当于主角的位置，主播的岗位工作内容包括开展直播、与消费者互动、对消费者进行引导等，负责把控直播间的节奏和流程，最终促进直播间转化和成交。

2. 助播

助理的工作是辅助主播开展直播，帮助主播一起带动气氛、介绍促销活动、提醒活动、卖点提醒、引导关注，还需要进行产品对接、样品整理、记录用户的问题并跟进解答。

3. 场控

场控负责直播间的中控台，开播前要进行相关的软硬件调试，且负责中控台所有相关的后台操作，包括商品临时的上架下架、发优惠信息、随时根据直播间要求更改产品价格等。

场控在直播过程中还要进行数据监测，包括监测实时在线人数峰值、商品点击率，发现有异常要反馈给直播运营；进行指令的接收及传达，比如直播运营有传达的信息，场控就要传达给主播和助理，让他们告诉观众和消费者。

4. 运营策划

运营策划是直播脚本的设计者，他们的工作包括以下内容。

（1）规划直播带货的内容，确定本场直播的主题，并根据主题匹配货品，还要规划好开播时间段、流量来源、直播中的互动内容等。

（2）协调团队。协调团队分成外部协调和内部协调，外部协调包含封面图的拍摄、设计制图、产品抽样等，内部协调包含协调直播人员的关系、情绪、直播时间以及直播期间出现的问题等。

（3）团队复盘。复盘是在工作执行完成以后，先要根据人员配合的表现再加上消费者数据上的反馈进行分析解读和总结，给出合理的建议。

5. 客服

客服不会在直播间出现，但在用户购买产品时，或者购买产品期间，可以有效处理用户购买产品后出现的各种问题，包括出单、物流、复购等，一个好的客服，可以很大程度上带动整个直播团队的销售额。

三、直播销售员

2020年5月11日，人力资源和社会保障部发布了《关于拟发布新职业信息进行公示的公告》，其中引人注目的是在"互联网营销师"职业下增设"直播销售员"工作。

1. 直播销售员的概念

直播销售员是指采用直播的形式，从事商品与服务推广策划、销售、客户管理等工作的专业人员，通常被称为主播。也就是说，大家熟悉的电商主播、带货网红们有了正式的职业称呼。

2. 直播销售员证书

直播销售员成为正式工种，并且有相对应的国家级职业技能专业证书，从业人员可以通过学习，经考试合格后获得技能证书。

直播销售员

直播销售员职业能力共设五个等级，分别是：五级职业能力/初级工、四级职业能力/中级工、三级职业能力/高级工、二级职业能力/技师、一级职业能力/高级技师，每个等级的申报条件如下：

（1）五级职业能力。申报条件应满足以下条件：累计从事本职业或相关职业工作1年（含）以上。

（2）四级职业能力。申报条件应满足以下条件之一：累计从事本职业或相关职业工作2年（含）以上；取得本职业或相关职业五级职业能力证书后，累计从事本职业或相关职业工作1年（含）以上；取得中等职业学校及以上本专业或相关专业毕业证书（含尚未取得毕业证书的在校应届毕业生）。

（3）三级职业能力。申报条件应满足以下条件之一：取得本职业或相关职业四级职业能力证书后，累计从事本职业或相关职业工作2年（含）以上；取得本职业或相关职业四级职业能力证书，具有高等职业学校及以上本专业或相关专业毕业证书（含尚未取得毕业证书的在校应届毕业生）；取得本科及以上本专业或相关专业毕业证书（含尚未取得毕业证书的在校应届毕业生）；在行业内具有影响力的人员，可破格申请评定。

（4）二级职业能力。取得本职业或相关职业三级职业能力证书后，累计从事本职业或相关职业工作2年（含）以上；在行业内具有较大影响力的人员，可破格申请评定。

（5）一级职业能力。取得本职业或相关职业三级职业能力证书后，累计从事本职业或相关职业工作3年（含）以上；在行业内具有重大影响力的人员，可破格申请评定。

3. 各等级技能和相关知识的要求

按照互联网营销师国家职业技能标准（2021年版）要求，整理出各等级技能要求和相关知识要求。（注：高级别涵盖低级别的要求）

（1）五级/初级工

职业功能	工作内容	技能要求	相关知识要求
1 工作准备	1.1 宣传准备	1.1.1 能搜集产品图文素材 1.1.2 能使用网络搜索工具核实、整理产品素材信息 1.1.3 能发布产品图文信息预告 1.1.4 能收集相关网络舆情风险信息	1.1.1 产品图文素材搜集方法 1.1.2 网络搜索工具使用方法 1.1.3 产品图文信息发布技巧
	1.2 设备、软件和材料准备	1.2.1 能连接硬件设备 1.2.2 能下载安装直播软件 1.2.3 能根据直播计划选择道具、场地	1.2.1 硬件安装调试方法 1.2.2 软件下载安装方法 1.2.3 直播样品搜集方法 1.2.4 道具、场地选择方法
	1.3 风险评估	1.3.1 能提出断网、断电等简单故障解决方法 1.3.2 能判断营销过程中法律、法规风险	1.3.1 断网、断电等故障的解决方法 1.3.2 营销过程中法律、法规的风险判断方法
2 直播营销	2.1 直播预演	2.1.1 能将产品特性整理成直播脚本 2.1.2 能根据脚本进行直播彩排	2.1.1 直播脚本编写方法 2.1.2 直播彩排方案制定方法
	2.2 直播销售	2.2.1 能介绍销售产品的基本特性及卖点 2.2.2 能对销售产品进行展示 2.2.3 能引导用户下单	2.2.1 产品特性及卖点的介绍技巧 2.2.2 销售产品的展示方法 2.2.3 引导用户下单的技巧

职业功能	工作内容	技能要求	相关知识要求
3 售后与复盘	3.1 售后	3.1.1 能查询产品的发货进度 3.1.2 能处理用户反馈的问题	3.1.1 发货进度查询方法 3.1.2 投诉问题的处理方法
	3.2 复盘	3.2.1 能采集营销数据 3.2.2 能统计营销数据	3.2.1 数据采集方法 3.2.2 统计软件使用方法

（2）四级/中级工

职业功能	工作内容	技能要求	相关知识要求
1 工作准备	1.1 宣传准备	1.1.1 能制作产品专属宣传素材 1.1.2 能执行跨平台宣传计划 1.1.3 能汇总统计相关网络舆情风险信息	1.1.1 素材搜集计划的制定方法 1.1.2 数据监控方案的主要内容 1.1.3 音视频转码的方法
	1.2 设备、软件和材料准备	1.2.1 能制定样品（道具）搭配计划 1.2.2 能制定出镜者形象方案	1.2.1 样品库的盘点方法 1.2.2 样品（道具）的搭配方法 1.2.3 出镜者形象方案的制定方法 1.2.4 硬件设备的选择方法 1.2.5 设备搭建与联调的方法
	1.3 风险评估	1.3.1 能评估团队协作风险 1.3.2 能制定并执行风险应对计划	1.3.1 团队协作风险的评估方法 1.3.2 风险应对计划的制定方法
2 直播营销	2.1 直播预演	2.1.1 能编写团队协作的直播脚本 2.1.2 能根据直播脚本测试营销流程	2.1.1 团队协作的直播脚本编写要求 2.1.2 营销流程的测试方法
3 售后与复盘	3.1 售后	3.1.1 能分析和汇总异常数据 3.1.2 能建立售后标准工作流程	3.1.1 异常数据的分析和汇总方法 3.1.2 售后标准工作流程的主要内容
	3.2 复盘	3.2.1 能对售前预测数据进行复核 3.2.2 能通过复盘提出营销方案的优化建议	3.2.1 数据复核方法 3.2.2 营销方案优化方法

（3）三级/高级工

职业功能	工作内容	技能要求	相关知识要求
1 工作准备	1.1 宣传准备	1.1.1 能建立第三方宣传供应商资源库 1.1.2 能计算预热投入产出比 1.1.3 能协调引流资源并扩大宣传渠道 1.1.4 能分析研判相关网络舆情风险信息	1.1.1 第三方供应商资源库的建立方法 1.1.2 投入产出比的测算方法
	1.2 设备、软件和材料准备	1.2.1 能根据营销计划选购硬件设备 1.2.2 能制定道具采购计划	1.2.1 出入库管理制度的建立办法 1.2.2 设备采购要求 1.2.3 道具采购要求 1.2.4 设备状态检测方法
	1.3 风险评估	1.3.1 能制定风险管理奖惩制度 1.3.2 能评估风险防控方案的时效性	1.3.1 风险管理奖惩制度的主要内容 1.3.2 风险防控方案的评估方法

职业功能	工作内容	技能要求	相关知识要求
2 直播营销	2.1 直播预演	2.1.1 能组织团队进行直播预演 2.1.2 能根据预演效果调整营销方案	2.1.1 团队配合技巧 2.1.2 营销方案的调整方法
	2.2 直播销售	2.2.1 能对个人情绪进行控制管理 2.2.2 能调动直播间气氛 2.2.3 能根据用户反馈实时调整直播策略	2.2.1 个人情绪管控技巧 2.2.2 直播间气氛调动技巧 2.2.3 直播策略的调整原则
3 售后与复盘	3.1 售后	3.1.1 能使用智能交互系统回复用户信息 3.1.2 能撰写售后工作报告	3.1.1 智能交互系统的使用方法 3.1.2 售后工作报告主要内容和撰写技巧
	3.2 复盘	3.2.1 能制定数据维度和分析标准 3.2.2 能制定数据采集操作流程	3.2.1 数据维度和分析标准的制定方法 3.2.2 数据采集操作流程的制定方法

（4）二级/技师

职业功能	工作内容	技能要求	相关知识要求
1 直播营销	1.1 营销策划	1.1.1 能制定主题直播间搭建方案 1.1.2 能制定个人品牌方案	1.1.1 直播间搭建技巧 1.1.2.个人品牌塑造方法
	1.2 直播规划	1.2.1 能设定直播销售周期目标 1.2.2 能建立直播销售规范流程	1.2.1 直播销售目标编制方法 1.2.2 直播流程操作步骤
	1.3 风险评估	1.3.1 能评估团队协作风险 1.3.2 能制定并执行风险应对计划	1.3.1 团队协作风险的评估方法 1.3.2 风险应对计划的制定方法
2 团队管理	2.1团队架构设置	2.1.1 能制定团队考核标准 2.1.2 能解决跨部门协作的问题	2.1.1 考核标准设计方法 2.1.2 协作沟通技巧
	2.2 团队文化建设	2.2.1 能建立员工的评价体系 2.2.2 能建立员工相互评价机制	2.2.1 评价体系建立方法 2.2.2 互评机制建立方法
3 培训指导	3.1 培训	3.1.1 能制定培训计划 3.1.2 能编写培训讲义 3.1.3 能讲授专业基础知识和技能要求	3.1.2 讲义编写方法 3.1.3 培训教学与组织技巧
	3.2 指导	3.2.1 能指导三级/高级工及以下级别人员工作 3.2.2 能制定培训指导规范	3.2.1 专业技能指导方法 3.2.2 培训指导规范编写方法

（5）一级/高级技师

职业功能	工作内容	技能要求	相关知识要求
1 直播营销	1.1 营销策划	1.1.1 能制定多媒介传播计划 1.1.2 能对营销效果进行评估	1.1.1 多媒介传播的方法 1.1.2 营销效果的评估方法
	1.2 直播规划	1.2.1 能制定直播用户管理方案 1.2.2 能制定提升用户购买率的计划	1.2.1 用户管理的方法 1.2.2 提升购买率的方法
	1.3 风险评估	1.3.1 能评估团队协作风险 1.3.2 能制定并执行风险应对计划	1.3.1 团队协作风险的评估方法 1.3.2 风险应对计划的制定方法

职业功能	工作内容	技能要求	相关知识要求
2 团队管理	2.1团队架构设置	2.1.1 能根据业务需求搭建团队 2.1.2 能根据业务方向调整团队分工	2.1.1 团队架构的搭建方法 2.1.2 团队分工的调整方法
	2.2 团队文化建设	2.2.1 能建立团队文化理念 2.2.2 能制定团队管理规范	2.2.1 文化理念建立方法 2.2.2 管理规范制定方法
3 培训指导	3.1 培训	5.1.1 能组织开展培训教学工作 5.1.2 能建立培训考评体系	5.1.1 培训教学工作的要求与技巧 5.1.2 考评体系的建立方法
	3.2 指导	5.2.1 能指导二级/技师及以下级别人员工作 5.2.2 能评估培训效果	5.2.1 专业技能指导的考评方法 5.2.2 培训效果评估方法

4. 知识和技能权重表：

① 理论知识权重表：

项目	技能等级	五级/ 初级工（%） 直播销售员	四级/ 中级工（%） 直播销售员	三级/ 高级工（%） 直播销售员	二级/ 技师（%） 直播销售员	一级/ 高级技师（%） 直播销售员
基本要求	职业道德	5	5	5	5	5
	基础知识	25	15	15	5	5
相关知识要求	工作准备	10	10	10	——	——
	直播营销	40	45	45	40	40
	售后与复盘	20	25	25	——	——
	团队管理	——	——	——	25	25
	培训执导	——	——	——	25	25
合计		100	100	100	100	100

② 技能要求权重表

项目	技能等级	五级/ 初级工（%） 直播销售员	四级/ 中级工（%） 直播销售员	三级/ 高级工（%） 直播销售员	二级/ 技师（%） 直播销售员	一级/ 高级技师（%） 直播销售员
技能要求	工作准备	30	25	20	——	——
	直播营销	50	55	60	50	50
	售后与复盘	20	20	20	——	——
	团队管理	——	——	——	25	25
	培训执导	——	——	——	25	25
合计		100	100	100	100	100

以需求侧为导向的粤港澳大湾区直播电商产业链人才需求分析

一、粤港澳大湾区直播电商企业情况

教育、科技、人才是全面建设社会主义现代化国家的基础性、战略性支撑。在天眼查官网，通过"直播"关键词搜索2021年1月16日的数据，搜寻到与直播相关的项目品牌/投资机构有558个，存续、在业的公司有100000+家。而其中，广东省的公司有5990家，如广州华多网络科技有限公司、广东南方直播传媒有限公司、广州虎牙信息科技有限公司等。香港仍注册的公司有14家，澳门没有找到相关企业。粤港澳大湾区的直播产业主要集中在广东省。而在广东省中，注册资本在10000万元以上的有927家，其中广州市313家，深圳市455家。广深两市占据了83%的市场份额。

天眼查官网通过"直播电商"关键词查询到的2021年2月25日的数据，全国的公司有1435家，广东省有219家。其中广州有50家，深圳有119家，佛山有11家。粤港澳大湾区具体的分布如下图所示。

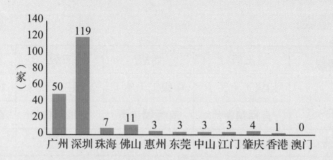

直播电商相关企业数量

由图1可以看出，直播电商企业主要集中在广州和深圳两市。但是从直播电商上游的供应链来看粤港澳大湾区的大部分区域(广州市、深圳市、珠海市、佛山市、惠州市、东莞市、中山市、江门市、肇庆市)作为珠三角的核心区域，根据2019年广东省国民经济和社会发展统计公报显示，生产总值占全省比重为80.7%，大量的供应企业都是集中在珠三角核心区域，对直播电商产业的发展形成了良好的闭环和行业效率。

二、企业对直播电商人才需求现状

近两年，直播电商的发展突飞猛进，整个市场量翻倍的增长，但是人才的供应一直没有跟上，80%的电商企业都存在人才缺口，大约有56%的电商企业处于强烈需求人才的状态。

三、企业对直播电商人才种类需求

2020年《新快报》调查显示，主播、网红成为电商企业最急需人才。在百度百聘上，以广州为工作地点，在2021年2月搜索"直播电商"相关工作岗位，提供的岗位有9913个，相应的岗位有"直播主播""电商直播""直播达人""拼多多直播""淘宝主播"等为主的主播招聘岗位；有"直播运营主管""直播运营助理""高级直播用户运营"的直播运营招聘岗位;有"直播策划""直播编导""摄影后期制作""电商直播策划"等营销策划为主的招聘岗位。

在智联招聘、BOSS直聘招聘网、58同城、前程无忧51job等搜以广州为就业地点的工作岗位，同样有接近上万条的直播相关工作岗位。以BOSS直聘网为例，相关的岗位有上万条，主要有:抖音网红直播、映客线上主播、官方娱乐直播、电商直播等各平台直播主播。直播审核专员、直播内容审核、微信直播安全审核等直播审核岗位，也有直播引流、直播场控专员、直播运营等运营岗位。

直播电商产业的发展，带动了上游供应端对产品、服务的生产人员的需求增加，以佛山一些家居企业为例，通过直播电商带动了产品的销量，产生了更多的订单需求，因此，需要扩大生产规模，引进更多的生产制造人才。在产业链末端的物流配送人员的需求量也日益剧增。

（文章选自知网《以需求侧为导向的粤港澳大湾区直播电商产业链人才需求分析》）

◉) 活动二　直播电商从业人员职业素养

党的二十大报告中提到：教育是国之大计、党之大计。培养什么人、怎样培养人、为谁培养人是教育的根本问题。育人的根本在于立德。全面贯彻党的教育方针，落实立德树人根本任务，培养德智体美劳全面发展的社会主义建设者和接班人。作为直播电商准从业人员晓雯看到新闻报道，某主播因直播内容低俗、违背公序良俗被网信办点名封杀。晓雯意识到，直播行业监管力度会日益加大，直播乱象一定会被改善。所以，她开始学习、了解直播电商从业人员应该具备的基本职业素养。

根据智联招聘和淘榜单发布的《2020年春季直播产业人才白皮书》，2020年上半年，"直播经济"业态主要岗位的人才需求量达到2019年同期的3.6倍，涌入行业的求职者规模也达到去年同期的2.4倍。毫无疑问，越来越多的人开始投身直播电商行业。但由于之前缺乏行业标准制约，直播乱象频生。虽然行业前景可观，但背后的问题也不少，诸如刷单、虚假宣传、假冒伪劣、售后困难等现象在快速消耗行业的信誉度，令部分厂商和消费者丧失信心，如果再不着手规制，就会陷入口碑、市场双下滑的泥沼。为规范直播行业，国家网信办发布《互联网直播营销信息内容服务管理规定》，市场监督管理总局发布《关于加强网络直播营销活动监管的指导意见》。行业内部也自查自纠，中国广告协会制定的《网络直播营销活动行为规范》针对直播带货的虚假宣传问题，以广告协会的立场予以制约；中国商业联合会也在牵头制定网络直播带货标准，包括《视频直播购物运营和服务基本规范》和《网络购物诚信服务体系评价指南》。根据相关法律法规和行业规范，整理出直播电商行业从业人员应遵循的职业操守。

一、直播电商从业人员职业道德要求

1. 遵纪守法

直播电商从业人员当认真遵守国家法律法规，坚持正确导向、诚实信用、信息真实、公平竞争原则，直播内容符合社会主义精神文明建设和弘扬中华优秀传统文化的要求。

直播营销活动中所发布的信息不得包含以下内容：

（1）反对宪法所确定的基本原则及违反国家法律法规禁止性规定的。

（2）损害国家主权、统一和领土完整的。

（3）危害国家安全、泄露国家秘密以及损害国家荣誉和利益的。

（4）含有民族、种族、宗教、性别歧视的。

（5）散布谣言等扰乱社会秩序，破坏社会稳定的。

（6）淫秽、色情、赌博、迷信、恐怖、暴力或者教唆犯罪的。

（7）侮辱、诽谤、恐吓、涉及他人隐私等侵害他人合法权益的。

（8）危害未成年人身心健康的。

（9）其他危害社会公德或者民族优秀文化传统的。

2. 诚实守信

主播在直播活动中，应当保证信息真实、合法，不得对商品和服务进行虚假宣传，欺骗、误导消费者。主播向商家、网络直播营销平台等提供的营销数据应当真实，不得采取任何形式进行流量等数据造假，不得采取虚假购买和事后退货等方式骗取商家的佣金。

直播营销活动应当全面、真实、准确地披露商品或者服务信息，依法保障消费者的知情权和选择权；严格履行产品责任，严把直播产品和服务质量关；依法依约积极兑现售后承诺，建立健全消费者保护机制，保护消费者的合法权益。

不得利用刷单、炒作等流量造假方式虚构或篡改交易数据和用户评价；不得进行虚假或者引人误解的商业宣传，欺骗、误导消费者。

3. 恪守公德

主播应当依法履行网络安全与个人信息保护等方面的义务，收集、使用用户个人信息时应当遵守法律、行政法规等相关规定；应当建立健全知识产权保护机制，尊重和保护他人知识产权或涉及第三方的商业秘密及其他专有权利；应当完善对未成年人的保护机制，注重对未成年人身心健康的保护；直播行为不可影响社会正常生产、生活秩序，不可影响他人正常生活。在直播营销中应坚持社会主义核心价值观，遵守社会公德，不得含有以下言行：

（1）带动用户低俗氛围，引导场内低俗互动。

（2）带有性暗示、性挑逗、低俗趣味的。

（3）攻击、诋毁、侮辱、谩骂、骚扰他人的。

（4）在直播活动中吸烟或者变相宣传烟草制品（含电子烟）的。

（5）内容荒诞惊悚，以及易导致他人模仿的危险动作。

（6）其他违反社会主义核心价值观和社会公德的行为。

4. 爱岗敬业

主播应当了解与网络直播营销相关的基本知识，掌握一定的专业技能，取得从业资格证；加强职业技能的学习，提升现场应急能力、业务能力和规则意识；加强对法律、法规、规章和有关规定及标准规范等的学习，树立法律意识；主播入驻网络直播营销平台，应提供真实有效的个人身份、联系方式等信息，信息若有变动，应及时更新并告知。主播不得违反法律、法规和国家有关规定，将其注册账号转让或出借给他人使用。主播设定直播账户名称、使用的主播头像与直播间封面图应符合法律和国家有关规定，不得含有违法及不良有害信息。主播的直播间及直播场所应当符合法律、法规和网络直播营销平台规则的要求。

二、直播电商中常见的错误价值观

（一）直播平台门槛过低，年轻受众价值观易受误导

直播电商平台的门槛低，无论是什么年龄、教育程度、背景，都能在直播平台开直播，导致平台不断出现直播内容上的问题，如虚假广告、数据造假等。我国在线直播观众构成偏年轻化，许多平台甚至将用户群精准锁定在年轻群体，这些观众尚未建立起健康牢固的价值观、是非观，容易受到主播的引导，主播的错误观点和不良言行造成的后果不堪设想。

（二）直播主播盲目拜金，直播内容粗俗驳杂

随着网络视频直播的不断发展，泛娱乐直播模式的发展越来越完善，模式的完善带来了更多丰富的内容，同时也使一些不健康的内容乘机流出。近几年对直播的负面报道偏多，这

导致直播平台方不得不加大力度对直播内容进行整顿和监管。

图1-2-2　直播中的虚假广告宣传

很多主播对直播的理解就是工作轻松、赚钱快，只要能吸引观众、能赚钱做什么都行，这导致一些主播很容易尝试直播违禁内容，甚至有的主播以低俗的内容、有违社会主流风气的方式吸引观众。不少主播游走于灰色地带，在直播中穿着暴露，甚至有越矩行为。

拓展阅读

人民时评：网络直播当纳入法治轨道

对于网络直播，需要建好用好也需要管好，才能最大程度激发其蕴含的正能量。

近日，国家有关部门联合下发《关于加强网络直播服务管理工作的通知》，首次明确了行业监管中网络直播服务提供者、网络接入服务提供者、应用商店等的责任。通知的下发，将有力推动互联网企业严格履行主体责任，有助于建立完善直播行业长效监管机制。

网络直播的兴起，是互联网产业快速发展带来的。透过网络直播，可以看到中国网民多姿多彩的生活。如果说微博、微信等社交媒体的出现，打开了人们获取各类信息的一扇窗户，那么网络直播的出现，也让很多人拥有了展示自己的一方舞台。网络直播的出现使许多不易用文字、语音呈现的社会生活内容，直观、形象、鲜活地呈现在用户眼前。从舞蹈、烹饪、书法，到健身、旅游、语言学习，再到人生解惑、历史学习乃至电子竞技，许多普通人正是借助网络直播找到了新的人生舞台。

正是凭借这些优势和特点，网络直播迅速吸引了大批用户。短短数年，我国网络直播用户已达4.22亿，超过网民总数的一半；提供互联网直播平台的服务企业超过300家，年营收超过300亿元；知名网络直播间和主播，拥有数十万乃至上百万关注者。如此广泛的用户，使网络直播平台的影响力迅速变大。与此同时，一些不良内容和信息也混入其中，甚至使直播平台成为违法违规和不良信息滋生传播"重灾区"。仅今年前7个月，全国"扫黄打非"办公室会同公安部挂牌督办涉网络直播平台传播淫秽色情信息重点案件就达20余起，向各地"扫黄打非"部门核发违法违规网络直播线索269条。

把网络直播这一新生事物纳入法治轨道，是政府管理部门和行业必须严肃思考和认真答好的问题。虚假信息、低俗之风是网络直播行业中的突出问题。有的以色情低俗内容吸引眼球；有的斗富炫富，宣扬奢靡生活和拜金主义；有的直播虐杀动物、斗殴、飙车等有害乃至违法内容；有的对未成年用户缺少注册、充值、打赏等限制机制，致使未成年人"天价打赏"事件时有发生……虽然这些问题不是网络直播行业的主流，但因用户众多，相关事件传播速度快范围广，造成较大社会影响。一些极端案例或是挑战公序良俗，或是突破法律底线，在短时间内就可能酿成社会热点。凡此种种提醒我们，对于网络直播，需要建好用好也需要管好，才能最大程度激发其蕴含的正能量。

治理包括网络直播在内的互联网产业，既需要相关部门及时研判，跟上行业发展步伐，科学立法、严格执法，也需要互联网企业深刻认识自身社会责任，依法依规运营。此次通知中，不少措施是基础性的管理举措，如落实用户实名制、建立主播黑名单制度等，只要严格落实，必能有效打击违法违规信息的泛滥。网络直播行业也在加强自律。2016年，新浪、搜狐、百度等20家网络直播平台共同发布了《北京网络直播行业自律公约》，提出要建立主播实名制，还提出不为18岁以下主播提供注册通道，等等。这说明，无论是主管部门，还是行业本身，对于这些问题有着基本共识。

草不锄则田荒，治理网络直播行业乱象，就是要依法治理、合理引导。在自律、法律和社会责任的共同引领下，让网络直播行业进入良性发展的轨道。

引自：《人民日报》（2018年08月23日 05 版）

团队实训

设计一份调查问卷

【任务目标】

学生根据任务一的内容，设计一份调查问卷，调查身边的同学或亲友对直播电商的了解程度以及参与程度。问卷主要内容应包括：被调查者对直播电商的了解程度、参与程度、行业存在的问题、对行业发展前景的看法等。本任务需要团队合作完成，组建调研团队成功后需将实操情况总结汇总。

【组织形式】

4～6人为一个调研小组，每组由组长牵头构建一个完整的调研团队。

【主要内容】

（1）各小组按照调研团队的人员配置模式进行任务划分。

（2）团队学习讨论调查问卷的内容设计。

（3）小组成员合作设计调查问卷并打印。

（4）小组协作完成150人左右的调查问卷发放及回收活动。

（5）小组对调研结果进行总结，并与其他小组交流经验。

组长在实操前要对小组成员进行任务分工，督促成员熟悉自己负责的内容；组长协调处理实操过程中出现的突发情况；实操过程需要用视频形式记录下来；实操结束后，各组选派代表交流总结经验。

评分标准	分数	评分
态度认真，分工明确	20	
实操完成度	50	
总结汇报的内容	20	
总结汇报言语表述	10	
总评		

项目总结

通过对项目一的学习，晓雯现在了解了直播电商的特点、优势和发展前景，更加确定了未来职业方向。通过刻苦学习，晓雯掌握了直播电商从业人员应该具备的基本职业技能，了解了从业人员职业能力划分的标准，这些都为她指引了学习方向和奋斗目标。同时，晓雯也对从业人员的职业道德要求有了了解，也学习了相关的法律法规和行业规范，这些都为她将来从事直播电商行业奠定了基础。

随着学习内容的加深，晓雯对直播电商有了新的认识，她对选择学习直播电商专业这一决定非常满意，决定要通过努力学习来实现个人理想。

综合评价

评价项目	评价内容	评价标准	评价方式		
			自我评价	小组评价	教师评价
职业素养	安全意识、责任意识	A. 作风严谨、自觉遵章守纪、出色完成工作任务 B. 能够遵守规章制度、较好地完成工作任务 C. 遵守规章制度、未完成工作任务 D. 不遵守规章制度、未完成工作任务			
职业素养	学习态度	A. 积极参与教学活动、全勤 B. 缺勤达本任务总学时10% C. 缺勤达本任务总学时20% D. 缺勤达本任务总学时30%			
	团队合作意识	A. 与同学协作融洽、团队合作意识强 B. 与同学能沟通，分工、协调工作能力较强 C. 与同学能沟通，分工、协调工作能力一般 D. 与同学沟通困难，分工、协调工作能力较差			
专业能力	知悉直播电商的特性	A. 学习活动评价成绩为90～100分 B. 学习活动评价成绩为75～89分 C. 学习活动评价成绩为60～74分 D. 学习活动评价成绩为0～59分			
	了解直播电商行业岗位设置和从业人员基本素养	A. 学习活动评价成绩为90～100分 B. 学习活动评价成绩为75～89分 C. 学习活动评价成绩为60～74分 D. 学习活动评价成绩为0～59分			
专业能力	实训任务测评	A. 按时完成实训操作与任务测评，问题回答全部正确 B. 按时完成实训操作与任务测评，问题回答基本正确 C. 未能按时完成实训操作与任务测评，或错误较多 D. 未完成实训操作与任务测评			
创新能力		学习过程中提出具有创新性、可行性建议	加分奖励		
学生姓名		综合评价等级			

评价项目	评价内容	评价标准	评价方式		
			自我评价	小组评价	教师评价
指导老师		日期			

项目实训

一、单选题

1. 一场成功的直播营销活动，应该由（　　　）、协调、实施三部分构成。

A. 计划 　　　　　　B. 运营 　　　　　　C. 策划 　　　　　　D. 检查

2. 直播团队岗位设置一般包括：主播、助播、场控、（　　　）和客服。

A. 副播 　　　　　　B. 运营策划 　　　　C. 选品师 　　　　　D. 场务

3. 直播销售员职业能力等级分成（　　　）等级。

A. 五个 　　　　　　B. 三个 　　　　　　C. 四个 　　　　　　D. 六个

4. 主播在直播中可以进行的活动是（　　　）。

A. 试用推荐的产品 　　　　　　　　　B. 羞辱不购买的观众

C. 引导场内低俗互动 　　　　　　　　D. 宣传烟草制品

5. 为规范直播行业，市场监督管理总局发布（　　　），对商家的权责进行梳理。

A. 《互联网直播营销信息内容服务管理规定》

B. 《视频直播购物运营和服务基本规范》

C. 《网络购物诚信服务体系评价指南》

D. 《关于加强网络直播营销活动监管的指导意见》

二、多选题

1. 直播前的选品工作非常重要，一般直播间会准备的产品有（　　　）。

A. 利润产品 　　　B. 秒杀产品 　　　C. 爆款产品 　　　D. 福利产品

2. 主播介绍产品相关信息，包括的内容有（　　　）。

A. 产品知识 　　　B. 产品特点 　　　C. 使用方法 　　　D. 使用场景

3. 直播过程可进行（　　　）活动，以吸引流量、带动直播间气氛。

A. 抽奖 　　　　　B. 发红包 　　　　C. 秒杀 　　　　　D. 点赞

4. 直播间留人话术可以分为（　　　）。

A. 福利型话术 　　B. 诱导型话术 　　C. 痛点型话术 　　D. 管理型话术

5. 一场直播快结束时，主播应该要（　　　）。

A. 对观众表示感谢 　B. 预告下次直播时间 　C. 直接关闭直播间 　D. 发福利

三、判断题

1. 直播就是要赚钱快，只要能吸引观众、能赚钱，什么内容都能做。（　　　）

2. 未成年人还未形成稳定的世界观，容易被不良直播内容误导而走上歧途。（　　　）

3. 违反社会主义核心价值观和社会公德的言行不可以出现在直播里。（　　　）

4. 不得进行虚假或者引人误解的商业宣传，欺骗消费者。（　　　）

5. 直播销售员职业能力最高等级是五级。（　　　）

四、案例分析题

某头部主播在电商平台直播间销售某品牌脱毛仪，消费者在豆瓣、微博等平台集中反映该产品存在版本不一致的问题，实际收到的产品不是主播宣称的含蓝光消毒功能的版本，这是"图文不符"的典型表现。相较于传统网络购物的图文详情，直播所展示的信息更为直观和概括，对于产品版本这类与产品功能直接相关的关键信息，主播应当在推荐产品的过程中予以重点说明并严格与所售产品保持一致。主播和商家在接到大量反馈后，最终同意消费者进行退换货处理，并给予一定数额的补偿金。

阅读上述材料，并结合你的知识分析：

1. 材料中呈现的问题有没有涉及虚假宣传？为什么？
2. 主播推荐"图文不符"的商品有没有违反直播从业者职业道德要求？
3. 如果你是一名主播，你会采取哪些方法规避直播中可能存在的违规行为？

五、实训题

设计一份直播电商对比传统电商的优势清单表格。

项目2 筹备电商直播

项目概述

晓雯经过一段时间的专业课学习，她对直播电商行业产生了浓厚兴趣。在学校的组织下，晓雯参观了上海某家电商公司，并有幸参观了公司里的直播模块。直播间、直播设备、主播等都使晓雯对电商直播的发展既感到欣喜又充满疑惑。新媒体时代，每个人都有通过直播平台成为主播的可能性，但是一场直播到底该如何筹备呢？不同的直播平台又有着怎样的操作流程？直播团队又该如何建立？带着这些疑问，晓雯决定好好学习筹备电商直播的有关内容，希望为以后职业选择奠定基础。

知识目标

1. 知悉平台的申请直播权限。
2. 知晓不同直播平台的规则和入驻流程。
3. 了解如何建立直播团队。

能力目标

1. 初步学会不同直播平台的操作流程，并实施相应操作。
2. 能遵循不同直播平台的规则，筹备一场简单的电商直播。
3. 能懂得如何建立直播团队，了解团队结构。

素养目标

1. 通过任务实训，培养电商直播的思维和创新意识。
2. 在实践中激发电商直播平台运营的敏感度。
3. 增强直播团队的合作意识，培养从事直播工作的专业素养与职业精神。

任务一 熟悉直播平台操作流程

任务描述

新媒体时代，各种互联网直播层出不穷，各直播平台都有着各自不同的内容和特色。晓雯因参与校企合作项目的电商直播参观学习，对淘宝、抖音和快手的直播平台产生了浓厚兴趣。如何筹备一场直播，晓雯决定先从熟悉直播平台的操作流程入手。

任务分解

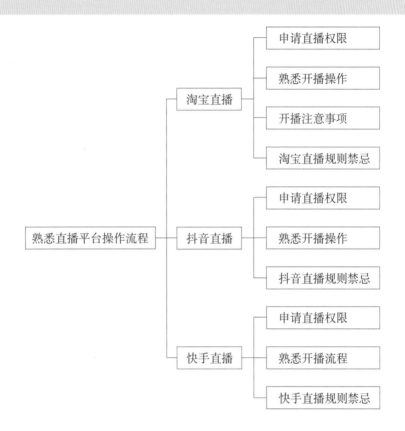

(●) 活动一 淘宝直播

晓雯发现，对于电商而言，淘宝直播算是直播平台里使用最为广泛的直播平台之一。淘宝直播是阿里巴巴推出的直播平台，定位于"消费类直播"，用户可边看边买，涵盖的范畴包括服饰、母婴、美妆、珠宝、美食、日用百货等。

随着直播行业的不断发展和短视频的流行，直播体系在构建中日趋完善。剖析淘宝直播，其主流体系搭建分为两部分：一是PC客户端——淘宝直播；一是手机App——淘宝主播。

一、申请直播权限

1. 权限定义

直播发布权限是指淘宝直播的基础权限，开通后可进行直播，并可在微淘或自有淘宝集市店铺首页/天猫店铺首页展示。

登录淘宝直播中控台，点击右上角"我的权限"即可查询账号直播权限。如图2-1-1所示。

2. 权限要求

（1）达人获得权限要求：必须要有一个绑定了支付宝并实名认证的淘宝账号；淘宝账

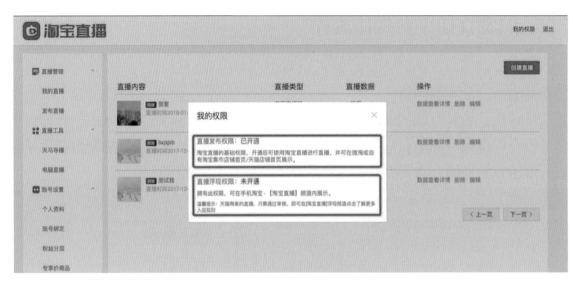

图2-1-1 查询账号直播权限

号已在阿里·创作平台注册成为达人；账号未开店，已开店的账号希望申请成为达人主播，必须先释放店铺，若不释放店铺，需要进行商家直播权限开通。

（2）商家获得权限要求：淘宝网卖家或天猫商家，且店铺状态正常；店铺/主播具有一定综合竞争力，具有一定的微淘粉丝量、客户运营能力和主播素质；淘宝商家须符合《淘宝网营销活动规范》，天猫商家须符合《天猫营销活动规则》；对商家准入有特殊要求的，依据另行制定的准入要求执行。

3. 不同身份入驻的方法

（1）商家身份（个人店铺和企业店铺）以及个人身份（达人/消费者账号且未开店）入驻。

操作流程：

通过手机淘宝App的首页顶部搜索框，搜索关键词"直播入驻"，即可进入入驻页面。商家点击"商家"入驻；个人/达人点击"个人主播"入驻。如图2-1-2所示。

通过手机下载"淘宝主播"App，登录需开通直播的淘宝账号。点击首页中的"主播入驻"完成实名认证。填写店铺名称，勾选用户协议，再点击完成，即可开通入驻权限。如图2-1-3所示。

（2）机构身份入驻，包括MCN机构、专业节目机构、直播服务商等。

MCN机构入驻淘宝直播，需

图2-1-2 直播入驻

图2-1-3 主播入驻

先符合入驻门槛，达到入驻门槛的机构即可去申请。

（3）其他身份入驻，如明星、村播、基地等。

在手机淘宝App的首页顶部搜索框中搜索关键词"直播入驻"，即可进入入驻页面，选择相应身份入驻，具体要求可参见入驻页面的说明。如图2-1-4所示。

图2-1-4 其他身份入驻

入驻注意事项：

（1）入驻是有条件的，申请入驻时提示类目不符合，说明店铺类目暂不支持开通直播；若同行限制推广类目成功入驻直播，说明对方是邀约开通的，目前无法主动申请开通。

（2）如果既开通店铺，又入驻了淘宝达人，建议通过商家身份入驻。商家主播和达人主播两种身份无需切换，通过商家身份开通直播后，想要通过达人身份直播，将店铺释放即可，不需要切换。

（3）新入驻店铺，且店铺商品无销量的商家申请入驻时会提示类目不符合要求，需要先有销量，24小时以后可再次申请入驻。

二、熟悉开播操作

1. 手机端开通直播设置

（1）打开淘宝主播App，在首页左上方点击"发预告"，设置预告内容。如图2-1-5所示。

淘宝直播开播操作

（2）在首页左上方点击"立刻开播"，或点击首页下方红色图标，创建直播。如图2-1-6所示。

图2-1-5　发预告

图2-1-6　创建直播

（3）填写直播信息。包括直播封面图、直播间标题、选择频道栏目、直播地点等。根据需要选择滤镜美颜，镜头翻转，语音播报和开播设置。点击右下方的"开始直播"，正式发起直播。如图2-1-7所示。

图2-1-7　填写直播信息

（4）点击页面左下角"更多"，可以进行直播间的多种设置，如通知粉丝、直播间公告、接听连麦、屏蔽关键词、预告订阅等。如图2-1-8所示。

（5）屏幕向右滑或者点击页面右上角"实时在线"，可以查看直播即时数据。如图2-1-9所示。

图2-1-8　更多设置　　　　　图2-1-9　查看直播即时数据

（6）如要结束直播，点击页面右上方"×"号即可选择结束直播。如图2-1-10所示。

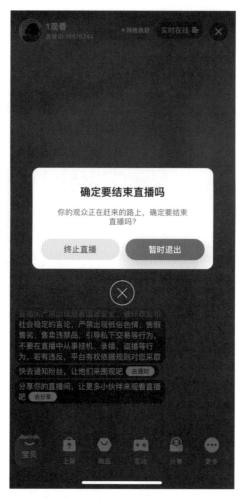

图2-1-10　结束直播

2．PC端开通直播设置

（1）进入淘宝直播，点击"发布直播"。如图2-1-11所示。

图2-1-11　发布直播

（2）填写直播信息，包括直播封面图、类型、标题、内容简介、选择频道栏目、直播地点、添加宝贝，点击"发布"，正式发起直播。如图2-1-12所示。

图2-1-12　填写直播信息

（3）点击"正式开播"，会进入倒计时，5秒内将会发布直播。如图2-1-13所示。

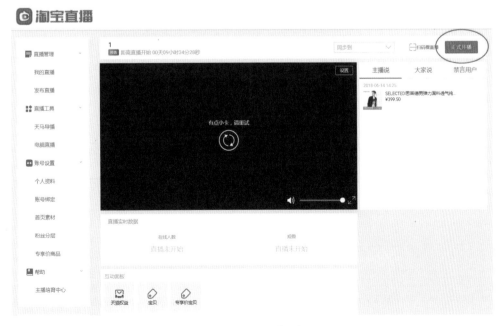

图2-1-13　正式开播

（4）直播过程中也可查看直播实时数据或随时结束直播。如图2-1-14所示。

图2-1-14　查看实时数据或结束直播

三、开播注意事项

1. 发布直播前准备

（1）下载或更新到最新的淘宝主播App。

（2）确保稳定流畅的Wi-Fi或移动网络。

（3）手机设置中允许淘宝主播App使用麦克风。

（4）情况允许的条件下加配补光灯及防抖效果，以保证直播质量达到最佳效果。

2. 淘宝直播推流

（1）登录。输入淘宝账号密码，登录电脑端官方推流工具。如图2-1-15所示。

图2-1-15　密码登录

（2）选择场次。如果没有创建当前待推流的直播/预告，需要去中控台或者淘宝主播App上创建对应的直播/预告，如图2-1-16所示；创建成功后，点击刷新按钮，将待播场次刷新出来，如图2-1-17所示；选中待推流的场次，点击确定进入官方推流工具。

图2-1-16　选择推流

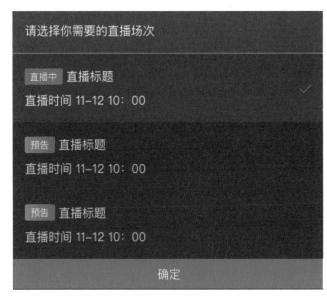

图2-1-17　选择直播场次

（3）主功能界面。登录成功后，界面左侧是场景和素材生产界面，右侧是每个素材的编辑页面。普通模式下，主播可以在左侧"场景1"下创建素材，例如摄像头、捕捉窗口、图片、信息卡和来源等。素材创建完毕后，在中央画面对素材进行编辑，确保正确的画面能推流到直播间的观众端。如图2-1-18所示。

图2-1-18　主功能界面

（4）多机位模式。界面右上角有"导播模式"，点击后进入多机位推流模式；界面左侧是素材处理区，可以添加新的场景，或者是某个场景下的素材，例如摄像头、图片等。多机位推流模式将直播间画面分为"本地预览"和"前台画面"两种直播画面，前者是本机上看到的画面，后者是直播间观众看到的画面。先根据连接摄像机的个数分别创建好场景，随后根据不同的摄像机捕捉到的画面在场景切换时投到本地预览窗内，在切换场景时"本地预览"会立刻变换画面，但只有点击"切换"按钮才可以将本地画面推到前台供直播间观众端观看。如图2-1-19所示。

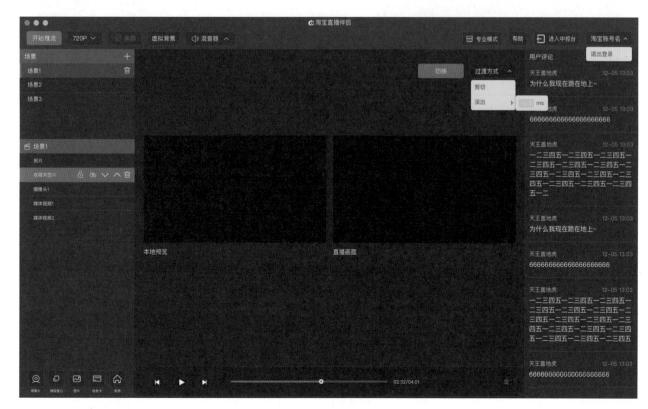

图2-1-19　多机位模式

（5）注意事项。所有设置准备好后，点击开始推流，当前拍摄内容将输送到中控台，可在中控台预览效果。"开始推流"后需要在中控台选择"开始直播"，直播间才会正式开播。长时间推流可能会导致电脑比较卡，直播结束时，点击"结束推流"。

四、淘宝直播规则禁忌

（一）经营规范

（1）不得发布危害信息，包括但不限于敏感信息、淫秽色情信息。

（2）不得发布不实信息，包括但不限于捏造细节、夸大事实、不实宣传、虚假中奖信息、所推广商品信息与实际信息不一致。

（3）不得伪造活动信息，包括但不限于伪造或冒充淘宝网、天猫、聚划算等活动信息。

（4）不得发布垃圾广告，包括但不限于通过机器或软件等非人力手段向他人大量发送垃圾广告。

（5）不得发布淘宝直播平台不允许发布的信息。

（6）直播信息不得与入驻信息不符。

（二）行为规范

1. 主播

不得违背其自身所作出的承诺。

（1）不得违规推广，包括但不限于发布阿里创作平台不允许发布的商品信息；推广的商品明显涉及出售假冒、盗版商品，或为出售假冒、盗版商品提供便利条件。

（2）不得存在易导致交易风险的行为，包括但不限于引导用户进行线下交易、发布外部网站的商品或信息。

（3）不得存在侵犯他人权益的行为，包括但不限于泄露他人信息、不当使用他人权利、骚扰他人。

（4）不得扰乱平台秩序，包括但不限于针对直播数据进行造假或者作弊。

（5）须符合淘宝直播平台主播要求。

2．互动参与用户

（1）不得存在侵犯他人权益的行为，包括但不限于不得违规推广、泄露他人信息、不当使用他人权利、骚扰他人。

（2）不得扰乱平台秩序。

（三）违规类型与处理方式

1．淘宝直播违规类型

淘宝直播违规行为分为三个类型，三者独立扣分、分别累计、分别执行。

《淘宝直播管理规则》

A类违规：一般违规行为，是指除推广假冒商品行为和严重违规行为外的违规行为。

B类违规：严重违规行为，是指除推广假冒商品行为外，其他严重破坏平台运营秩序或涉嫌违反国家法律规定的行为。

C类违规：推广假冒商品行为，是指推广假冒注册商标商品或盗版商品的行为。

2．淘宝直播违规行为处理方式

针对主播的违规行为，平台将视情形采取管理措施和处理措施。三类违规行为对应的处理措施如下所示：

违规行为	处置措施						
类型	管理措施	处理措施					
		第1次	第2次	第3次	第4次	第5次	第6次及以上
一般违规	每次视情形可采取：（一）公示警告；和／或（二）取消单场直播浮现权；和／或（三）拉停直播；和／或（四）删除违规信息（五）限制指定商家/商品直播间挂品	／	／	／	（一）限制主播权限；和／或（二）罚扣违约金		
严重违规		／	／	／	（一）限制主播权限；和／或（二）罚扣违约金		清退主播身份
特别严重违规		（一）清退主播身份；和/或（二）限制主播权限；和/或（三）视情形罚扣违约金；和/或（四）视情形进行主播风险交易冻结；和/或（五）视情形进行主播支付宝账户冻结					

活动二　抖音直播

　　晓雯发现班里的同学在闲暇之时都喜欢玩抖音，许多"抖音红人"都是同学们讨论的对象。抖音直播也日渐火爆，直播内容丰富多彩，主播与网友实时互动。晓雯感慨难怪大家"沉迷"抖音，这种新的社交生活方式太有意思了。

　　抖音，是2016年正式上线的音乐短视频社区平台，由字节跳动旗下的今日头条孵化。作为一款社交类的软件，其核心功能是发布短视频，用户可以利用App提供的各种工具，自选背景音乐，配以短视频，形成自己的作品。通过抖音App用户可以分享自己的生活，同时也可以在这里认识新朋友，了解各种奇闻趣事。

图2-1-20　抖音商城直播间

　　短视频的出现革新了移动互联网用户的表达方式，但伴随短视频营销生态的日渐成熟，抖音也开始发力直播。2020年4月1日晚8点抖音开启了首场直播。

一、申请直播权限

1.　入驻条件

　　现阶段抖音平台的直播入驻比较简单，不需要挂靠任何机构并取消了粉丝要求，只要账号进行了实名认证就可以打开抖音进行直播。

2.　直播入口

　　抖音直播的入口主要分为三个模块，分别在首页、关注页和个人主页上。

　　（1）首页入口：最为固定和直接的直播打开方式在首页点击"+"按钮进入直播入口。

　　（2）关注页入口：界面上方有直播中的头像，通过点击头像，进入直播入口。

　　（3）个人主页入口：通过创作者服务中心进入直播间。

二、熟悉开播操作

1.　手机开通直播设置

　　直播路径1，如图2-1-21所示：

　　（1）打开抖音App，点击中间"+"号。

　　（2）点击底部菜单最右侧"开直播"功能。

　　（3）点击"开始视频直播"，即进入直播状态。

　　直播路径2，如图2-1-22所示：

　　（1）打开抖音App，点击底部菜单"我"。

　　（2）点击右上角"≡"，找到"创作者服务中心"。

　　（3）点击"创作者服务中心"，进入"全部分类"，点击"直播中心"。

　　（4）点击页面右上角"去直播"功能。

　　（5）点击"开始视频直播"，即进入直播状态。

图2-1-21 开通直播路径1

图2-1-22 开通直播路径2

2. PC端开通直播设置

（1）进入抖音官网，下载抖音直播伴侣，如图2-1-23所示。

图2-1-23　抖音直播伴侣页面

（2）登录软件后，红色框区域包括管理场景、添加素材、切换横竖屏功能；蓝色框区域是常用直播功能；绿色框区域包括开关播控制、性能占用情况、官方公告功能；黄色框区域是直播榜单；白色框区域是弹幕窗口；中央区域是直播画面采集预览，如图2-1-24所示。

图2-1-24　登录界面

（3）添加素材。单击"添加素材"按钮可以选择添加各种类型素材，可根据需要选择要添加捕获的素材，添加成功后可以在中央预览区域看到捕获的内容，可以调整素材位置和边框大小，右击素材出现操作菜单，可以进行旋转、变换、设置、删除等操作，如图2-1-25所示。

（4）横竖屏切换。通

图2-1-25　添加素材

过横竖屏切换来切换直播间类型，一旦选择横屏或竖屏直播后，开播过程中无法再次切换，如图2-1-26所示。

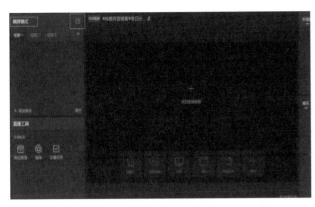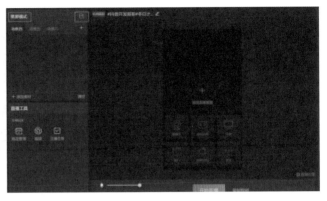

图2-1-26　横竖屏切换

（5）场景管理。一个场景可以包含若干个素材，用户可以在多个场景进行切换，如图2-1-27所示。

（6）素材管理。在素材列表中，鼠标滑过后会出现操作图标，可进行设置、删除、隐藏/显示等操作，如图2-1-28所示。

（7）开始直播。调整好素材和排列布局后，点击"开始直播"，即可开播。开播过程中可以点击"开始录制"进行录制，如图2-1-29所示。

（8）直播设置。点击开播按钮右上方的"直播设置"，在直播设置面板中可以设置视频、音频、录像等，如图2-1-30所示。

（9）直播间设置。点击"标题"可以直接修改标题，

图2-1-27　场景管理

图2-1-28　素材管理　　　　　图2-1-29　开始直播

图2-1-30　直播设置

点击标题右侧按钮可以打开直播间设置弹窗，可以设置直播封面、话题、直播内容等，精准的直播分类选择可能会带来更多流量，如图2-1-31、2-1-32所示。

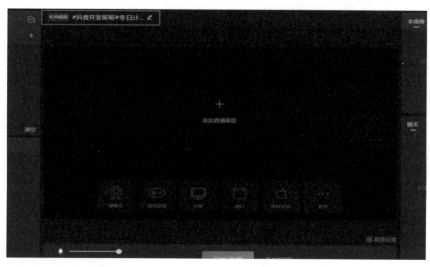

图2-1-31　直播间设置

图2-1-32　开播设置

【小提示】

一场直播中若无直播封面，将会被限制推荐，若不开启定位，会影响连麦推荐；有些分类会自动绑定话题。

【小提示】

抖音新手直播注意事项

（1）名字：看得懂、记得住。

（2）头像：展现最美的一面。

（3）简介：精简，用一句话解决。

（4）封面：简洁大方，突出人物标签和特点。

（5）标题：设置有趣的标题，简短且能吸引人。

三、抖音直播规则禁忌

（一）直播规则、禁忌

（1）不能多平台/多账号同时开播。

（2）不允许口播站外店铺、店铺名称、微信号等。

（3）不允许口播橱窗和购物车内没有的商品。

（二）平台规则

（1）直播时不能吸烟。

（2）不能直播赌博之类的内容。

（3）不能穿着过于暴露。

（4）不能涉及低俗色情的直播内容。

（三）违规等级与处罚

抖音直播违规行为分为三个等级，抖音平台依据主播违规行为严重程度来判定，对于违规行为会采用"提示违规、限流、封禁"等手段进行处理。

一级违规（严重违规），抖音平台将永久封禁主播账号或永久封禁开播；

二级违规（中等违规），根据违规情节给予警告、断流或封禁开播权限（1天到永久不等）等处罚；

三级违规（一般违规），根据违规情节给予警告、断流或封禁开播权限（1天到一周不等）等处罚。

拓展阅读

抖音推出"非遗奇遇记"接力直播 百万网友云赏非遗绝技

每年6月的第二个星期六，是我国"文化和自然遗产日"。为积极推广非遗项目和提升非遗保护意识，6月11日至6月17日，抖音相继在天津、北京、四川、贵州、浙江五地发起五场"非遗奇遇记"接力直播，全国百万网友通过抖音直播间云赏鲁班锁、故宫古建筑、独竹漂等非遗绝技和特色非遗项目。

6月11日晚，该系列直播首场直播在天津职业大学开启，传统木工榫卯技艺非遗传承人辛全生现场挑战世界最大鲁班锁"大菠萝"的吉尼斯世界纪录。直播中，辛全生团队展示了99条重量达650千克鲁班锁大菠萝的最后组装环节，并被吉尼斯世界纪录官方认定挑战成功。

鲁班锁，也叫孔明锁、八卦锁，是一种起源于古代中国建筑的榫卯结构，不需要钉子和绳子，完全依靠自身的结构支撑就能形成一个稳固的结合器。鲁班锁常见的一共有13类，辛全生直播中展示的三三结大菠萝正是其中的一类。辛全生，天津静海人，16岁开始跟随师父学习手工制作各类传统家具，至今已收徒弟100余人。2017年，他被评为天津南开区非物质文化遗产代表性项目"传统木工榫卯技艺"的传承人。

6月12日上午，主持人赵普同故宫古建部副主任赵鹏、京剧传承人果小菁一起探寻故宫中的特色非遗。直播中，赵普带领人们探访了故宫养性殿、畅音阁等，揭秘故宫中"隐藏"建筑和非遗特色。

其中，赵鹏为网友们详解了琉璃瓦的不同颜色类别、烧制过程、成分等细节，令人大开眼界。在畅音阁，赵普和果小菁则为网友再现了当年慈禧太后听戏的场景及其讲究之处，以及大量关于京剧的知识。说到兴奋之处，果小菁还献唱了一曲《凤还巢（选段）》。

6月14日，峨眉武术传承人凌云在直播中为网友揭秘了更多关于峨嵋派及峨眉武术的故事。6月16、17日，汉服仙子、独竹漂传承人杨柳，国家级非遗制扇技艺（王星记扇）传承人孙亚青，还会在直播中分别带来关于独竹漂和制扇技艺背后的惊艳和美妙。

端午小长假期间，抖音联合抖音特效开放平台推出了"一起赛龙舟"等10款带有地方非遗元素的赛龙舟道具，帮助网友增添节日氛围。另据抖音6月11日发布的非遗数据报告，截至2021年6月10日，抖音上架国家级非遗项目相关视频数量超过1.4亿。1557个国家级非遗项目中，抖音平台上的相关视频涵盖率达97.94%，抖音已成为最大的非遗展示、传播平台。

资料来源：光明网（有删减）

活动三　快手直播

自快手、抖音等平台出现在大众生活中后，"记录世界，记录你"的快手标语晓雯也能脱口而出。在网络直播的大环境下，晓雯认为对于"接地气"的快手直播探究也是必不可少的。

快手App是北京快手科技有限公司旗下的产品，诞生于2011年3月，最初是一款用来制作、分享GIF图片的手机应用。2012年11月，快手从纯粹的工具应用转型为短视频社区，用于用户记录和分享生产、生活。用户可以用照片和短视频记录自己的生活点滴，也可以通过直播与粉丝实时互动。

一、申请直播权限

1. 入驻条件

2016年年初，快手上线直播功能，并将直播放在"关注"栏里，直播在快手仅具附属功能。

快手直播的平台入驻门槛比较低，在快手App里申请直播功能并进行身份认证，身份认证需要商家或个人上传身份证的正反面和手持身份证的照片，所有信息填好后等待审核，审核通过后就可以进行直播。

2. 申请条件

申请直播需满足以下5个条件：年满18岁；实名认证；绑定手机号；当前账号状态良好；作品违规率在要求范围内。

3. 申请流程

（1）打开快手，进入后点击"直播"，如图2-1-33所示。

（2）点击"申请权限"进行认证，输入验证码并点击"确定"，如图2-1-34所示。

图2-1-34　快手申请权限页面　　　　图2-1-33　快手页面

（3）上传身份证正反面和手持身份证照片，点击"下一步"，如图2-1-35所示。

（4）输入姓名、身份证号，点击"确认提交"，如图2-1-36所示。

（5）勾选"个人信息使用授权书"，点击"同意授权"，如图2-1-37所示。

（6）进行人脸识别，开通直播成功，如图2-1-38所示。

图2-1-35　快手上传身份证页面

图2-1-36　快手身份信息页面

图2-1-37 快手同意授权页面

图2-1-38　人脸识别页面

二、熟悉开播流程

1. 手机开通直播设置

（1）打开快手App，点击中间"摄像头"按钮。

（2）点击菜单最右侧"开直播"功能。

（3）根据直播内容要求添加封面。

（4）点击"开始聊天直播"，进入直播间，如图2-1-39所示。

图2-1-39 开通直播流程

2. PC端开通直播设置

快手直播伴侣是一款界面简单、功能实用的直播辅助工具，在快手直播伴侣中可以快速进行一系列的直播活动，安装快手直播伴侣后即可开始直播，如图2-1-40所示。

图2-1-40 快手直播伴侣

（1）登录快手直播伴侣，选择直播类型，如图2-1-41所示。

图2-1-41 选择直播类型

（2）确定直播类型后，选择"摄像头配置"，单击"继续"，如图2-1-42所示。

图2-1-42　选择摄像头配置

（3）跳转页面后，单击界面下方的"开始直播"，如图2-1-43所示。

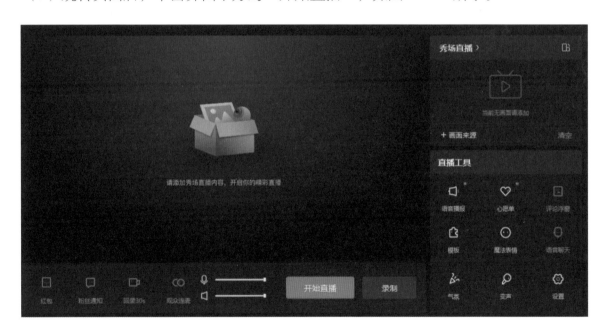

图2-1-43　开始直播

三、快手直播规则禁忌

（一）直播的规则、禁忌

1. 用户在使用视频直播服务时，必须向快手提供准确的用户个人资料，如用户提供资料不实，快手有权拒绝提供视频直播服务；如用户个人资料有任何变动，必须及时更新并通知快手进行审核。如因用户提供的个人资料等不实而造成任何损失，由用户自己承担。

2. 用户不得将其账号、密码转让或出借给他人使用。如因黑客行为或用户的保管疏忽导致账号、密码遭他人非法盗取、使用或遭受损失，快手不承担任何责任；如给快手造成损害，则用户应予以赔偿。

3. 用户同意快手有权在提供视频直播服务过程中以各种方式投放商业性广告、非商业性广告、其他任何类型的商业信息和非商业信息，用户必须予以配合，且快手无需要支付任何对价，但应尽量减小给用户造成的影响。

4. 用户在使用视频直播服务过程中有任何不当行为，或违反法律法规和快手的相关运营规则，或侵犯第三方合法权益，都由用户自行承担相应责任，快手无需要承担任何责任。如因用户的行为而给快手造成损害的，用户应予以赔偿。

5. 用户不得使用直播功能发送或传播敏感信息和违反国家法律制度的信息。

6. 用户在使用直播服务过程中，必须遵循以下原则。

（1）遵守中国有关的法律和法规。

（2）不得为任何非法目的而使用直播服务。

（3）遵守所有与网络服务、直播服务有关的协议、规定和程序。

（4）不得利用直播服务系统进行任何可能对互联网的正常运转造成不利影响的行为。

（5）不得利用直播服务传输任何骚扰性的、中伤他人的、辱骂性的、恐吓性的、庸俗淫秽的或其他任何非法的信息资料。

（6）不得利用直播服务系统进行任何不利于北京快手科技发展有限公司的行为。

四、违规行为的分类和处罚说明

直播违规行为分为严重违规行为和一般违规行为，并根据实际违规情况的严重程度，作出不同等级的处罚。

一般违规：平台将根据违规严重程度及违规次数，对违规直播进行警告、中断直播、限制直播功能、限制提现、冻结或扣除部分或全部直播收益等处罚。受到多次违规处罚或违规行为产生严重影响的，快手平台有权根据实际情况提升处罚等级。

严重违规：平台有权进行立即停止直播、回收直播权限、冻结或扣除部分或全部直播收益、封停账号等处罚，对涉嫌违法犯罪的，平台将向有关主管部门报告或向司法机关移交违法犯罪线索。

拓展阅读

快手：用短视频+直播服务复工复产

一场突如其来的疫情，让很多人都很自然地成了线上直播的忠实拥护者。2020年4月12日晚，快手联合央视新闻举办公益直播活动，售卖湖北的产品。央视主持人欧阳夏丹化身"带货官"，与演员王祖蓝组成"谁都无法祖（阻）蓝（拦）我夏（下）丹（单）"组合，在快手上演了带货首秀。快手官方统计数据显示，最终这场直播在快手累计观看人次达1.27亿，累计点赞1.41亿次，当晚共卖出6100万元的湖北产品，创下为湖北公益直播卖货的新纪录。

"快手拥有海量用户，普通人创作的视频、沉淀的社交关系，大部分是基于真实的职业、行业和兴趣构建，并且入驻了各行各业的公司。疫情暴发，快手上的用户以及企业都能深刻感受到疫情带来的影响。此时，我们平台必须肩负起相应的社会责任。"快手运营负责人韩叙说道。

由于疫情的持续周期超过了预估，这也倒逼并加速了许多行业的在线化和直播化进程。《中国新闻出版广电报》记者得知，早在春节前，快手就已经组建团队探讨如何发挥平台短视频+直播的技术优势，服务广大用户，复工复产后，又在积极为社会经营助力，用户和客户也在自发探索所在行业与快手结合的可能。

直播实现小屏化和大小屏融合

在本次新冠肺炎的防治过程中，快手凭借参与感、互动性较强的短视频和直播，让大众更加便捷、快速地了解疫情救治情况与日常防控知识；充分发挥短视频+直播的优势，积极与主流媒体融合，发挥短视频平台的优势，携亿万"老铁"一起参与防疫阻击战。

众多媒体通过与快手合作开展疫情报道，快手推出的战"疫"大直播项目，通过上线统一入口，发挥直播优势，让中央媒体以及众多区域媒体的疫情直播实现了小屏化和大小屏融合。可以说，快手战"疫"，是短视频社交平台与媒体联动，对重大突发事件提供传播支持的一次重要尝试。快手媒体合作中心总监夏江介绍："为了及时系统地传递疫情信息，快手在战'疫'大直播中投入了大量资源进行主动运营，包括同城置顶、热榜等。同时，在快手平台联合'快手小铁''快手看见'等账号进行多链路直播，让用户可以多视角了解前线消息、疫情进展和权威解读。"

此外，"学习强国"还携手快手，联合中华预防医学会等权威机构，以及四川大学华西医院等三甲医院，共同推出"健康快直播 专家有话说"系列健康科普直播，通过邀请相关领域专家、名医，为全国用户就疫情防护进行不同主题的科普和答疑，收到了较好的传播效果。

文化消费从线下搬到线上

在疫情防控过程中，以线下为主要场景的体育赛事与文化演出受到较大冲击。目前，线下赛事、体育场馆、文化演出等企业与快手一起探索如何通过短视频+直播赋能线下场景，从而将文化消费从线下搬到线上。

"快手拥有较强的直播能力，技术和系统非常稳定，能够容纳足够多的人在线观看，并且在直播技术方面，多链路直播间在国庆阅兵直播中得到了验证，快手本身就是非常好的直播工具。"快手相关技术负责人表示，快手所拥有的人工智能技术能够为这些企业的线上直播精准推荐和匹配用户，从而实现文化消费的线上化。

为了既能让文化行业的运营不中断，又能满足疫情期间宅家的文化消费需求，2月29日，一场名为"良樂"的"园音"线上音乐会，由快手和UCCA尤伦斯当代艺术中心联合举办，累计300多万人次在线观看，相关话题冲上微博热搜且阅读量破亿。

颠覆传统印象赋能各行各业

在疫情中，直播倒逼许多行业和企业的数字化直线提升，同时，也让部分过去不看直播的用户看起了直播。除了捐款、内容运营、媒体联动、教育助力，快手还在电商助农、医疗问诊、运动健身等多方面与全行业合作，打通线上线下。

根据快手大数据研究院发布的《2019快手教育生态报告》显示，快手上涉及"三农"的用户和内容非常丰富，"三农"内容的日均播放量3亿次以上，日均评论量120万条以上，日均点赞量220万以上。3月3日以来，来自河北、广西、山东、河南等多个地区的11位县领导，加入直播带货的大军，通过各种方式推销当地农产品，获得快手上百万受众的围观点赞。

而拥有线下业务的体育企业也开始与短视频平台合作。通过引入上千位专业健身教练，创作健身内容并直播，指导用户在家里也能健身。在乐刻运动与快手合作的专题页上，活动上线首日播放量即破200万，目前播放量已过9000万，上传了2600多个作品。

此外，疫情期间，大家不能出门逛街和消费，但是，花在线上娱乐类产品的时间却大幅增长，这对于直播电商和部分线下商户而言反倒成了增长用户的好时机。

快手公布的最新数据显示，2020年2月7日—3月31日，快手商家号战"疫"行动拿出10亿元人民币官方补贴助力商家转型，催生了50万新增活跃商家号，疫情期间商家发布的视频产生了170亿播放量。与此同时，数据还披露，共计13万企业认证商家以零门槛获得直播权限，认证商家直播时长提升了130%。

可以说，透过快手战"疫"的过程，颠覆了许多人对"短视频+直播"仅限于娱乐化的传统印象。面对重大突发事件，短视频平台正赋能多个行业，帮助复工复产以及社会的正常运转。

资料来源：人民网（有删减）

团队实训

以小组为单位，选择淘宝、抖音、快手等中的任意一个直播平台，尝试进行一场简单的直播，向全班展示，汇报学习成果。汇报的内容应该包括：

（1）直播平台申请权限；

（2）直播平台规则；

（3）直播平台入驻流程；

（4）直播操作展示。

评分内容	分数	评分
态度认真，分工合作	20	
完成情况	50	
创新点	10	
汇报总况	20	
总评		

任务二 组建直播团队

任务描述

晓雯在企业观摩中有了新的发现：一场直播的顺利开展，除了主播，少不了团队的功劳。通过课程的学习与实训，晓雯在熟悉直播平台的操作流程后，很快就意识到在具体的直播工作开展过程中，团队合作的重要性和必要性，完整的直播团队究竟如何建立呢？晓雯打算认真学习建立直播团队的内容。

任务分解

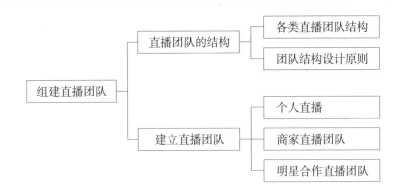

活动一 直播团队的结构

晓雯在实际参观学习过程中，经过企业带队老师的指导，她感受直播团队的建立并非一蹴而就的，没有想象中那么简单。要实现建立直播团队的目标，就必须学会分析直播团队的结构。

直播团队的结构是影响直播效率的重要因素并伴随直播行业的发展而不断完善。常见的直播团队结构有新手期商家直播团队结构、发展期商家直播团队结构、成熟期商家直播团队结构、明星合作直播团队结构等。

一、各类直播团队结构

1. 新手期商家直播团队结构

由于新手期商家规模较小，直播团队中还没有设置专门化的职能部门，直播中的各种职责和管理要求都集中在负责人手中。信息的沟通和传递只有一个渠道，主播团队和店铺团队只接受负责人的指挥管理，团队结构简单、权责分明，便于统一指挥、集中管理。但是团队内信息沟通不畅，缺乏细化的职责分工，如图2-2-1所示。

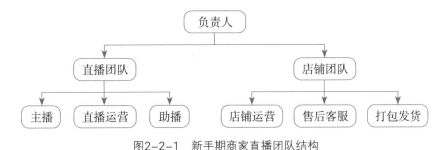

图2-2-1 新手期商家直播团队结构

2. 发展期商家直播团队结构

相对于新手期而言，发展期商家直播团队的结构开始细化并延伸。这时的团队结构会建立团队内部对下级的分工和管理。如直播运营中会分化出直播选品，店铺运营会细化出设计师或美工，客服会明确售前和售后环节。同时，像抖音这样的短视频平台还会建立专门的短视频团队来丰富自身的直播团队结构。这种结构实现了专业化分工，简化了管理程序，同时可发挥不同团队的特长为直播保驾护航，如图2-2-2所示。

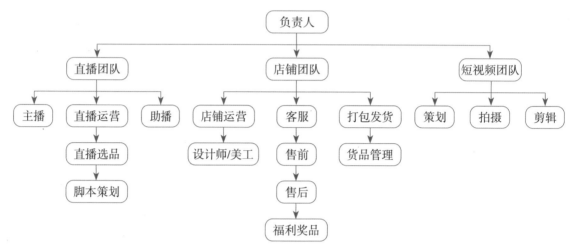

图2-2-2 发展期商家直播团队结构

3. 成熟期商家直播团队结构

成熟期商家直播团队结构是发展到一定阶段的产物，在发展期结构的基础上继续细化和延伸。这种团队结构既保证了工作有序，又保持了统一指挥。例如，直播团队中又添加了直播场控，店铺团队里细化流量采买、精品福利和订单管理。短视频团队还分化了导播。这种团队结构分工精细，使不同的团队术业有专攻，有更多的时间和精力来服务日渐繁杂的直播工作，不同岗位受统一调控又各司其职，最大程度地提升直播效率与影响力，如图2-2-3所示。

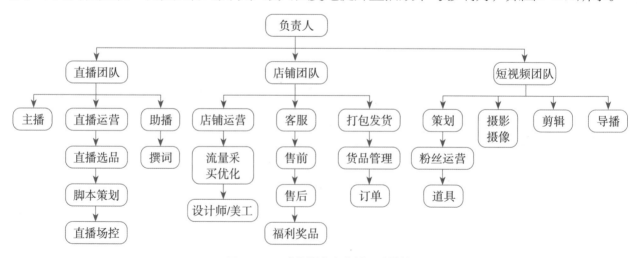

图2-2-3 成熟期商家直播团队结构

4. 明星合作直播团队结构

电商直播行业发展到如今的火爆局面，也从侧面反映了主播背后专业化直播团队的不断成熟。商家从盈利出发，需要另辟他路，直播团队破除素人主播的流量瓶颈去寻找自带流量且具备社交影响力的明星合作，也成为了不错的选择。

明星合作直播团队的结构同普通商家直播团队的结构类似，在原先的团队结构基础上增添了明星团队，分设明星、经纪人和化妆师。同时还细化了导摄团队，包含导演、摄像、舞美。这种团队结构的建立与分工更加细致且专业化，直播团队、店铺团队、短视频团队、明星团队、导摄团队协同合作，并由负责人统一指挥，最大程度上保证直播顺利进行，并获得最大流量，如图2-2-4所示。

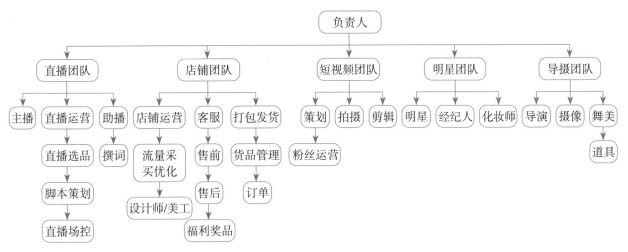

图2-2-4　明星合作直播团队结构

二、团队结构设计原则

团队结构设计应遵循分工协作原则、客观需要原则、集权分权原则、稳定性原则和应变性原则。

1. 分工协作原则

一家企业无论设置多少个部门，每个部门都不可能独自承担企业所有的工作。直播也是如此，内部各部门、各团队之间应该是分工协作的关系，按照职能划分，直播团队的各部门各司其职，把握好分工协作原则对于直播来说尤为重要。

2. 客观需要原则

直播团队结构设计最主要的目的是为直播服务，帮助直播实现粉丝关注、产品营销等目标，这就需要保持客观公正、按照实际需要设置各个团队和部门，不能出现随便设岗，随机建团的情况。

3. 集权分权原则

在团队组织架构设计时，权力的集中程度和分散程度应该设置明细。把集权和分权控制在合理的水平，使之既不影响工作效率，又不影响积极性。可以通过分权手册来实现集权和分权的设置，做到有据可查、有规可依，进而提高直播效率与影响力。

4. 稳定性原则

直播团队结构一旦确立实施，应在一定时期内确保稳定。因为相对稳定运行的组织架构会从根本上凝聚团队内部发展力量，提升团队管理水平，稳定员工情绪，维持高效运转。

5. 应变性原则

理想的直播团队组织架构应随着电商经济环境的变化而变化，随时都能以最好的团队状态面对环境的挑战。新媒体时代，任何东西都不可能保持一成不变，否则将会被市场淘汰。直播团队的结构也应当在求变中生存，并伴随直播行业的发展而自我完善。

案例分析

某电商直播公司状况：

公司老板事必躬亲，信息传递不畅，有些很重要的事情员工却认识不到。直播间的直播业绩不佳，老板认识到直播间的团队需要改革，可是改制方案不是由部门提供，而是由不同人提供。一时之间，老板不知道该选择哪一个方案，员工抱怨个人能力得不到发挥，不能实现自我价值，老板抱怨员工素质不高。

诊断分析：

（1）直播团队结构不合理，老板事必躬亲，团队协作分工出现问题，信息传递不通，员工不明确自己的具体职责。

（2）公司组织结构不合理，导致公司不能建立有效的绩效考评体系，对员工的奖惩不是按公司的制度有效执行，而是凭老板对员工的印象，职工考评随意性较大。

解决方案参考：

针对直播的具体情况建立适用的直播团队结构体系，明确员工分工与岗位职责，制定员工岗位责任书，建立有效的双向沟通机制、员工申诉机制，形成一套系统的直播团队人力资源绩效考评体系。

效果：

在员工未发生变化的情况下，直播效果提升，业绩突飞猛进。公司老板看到了员工的优秀表现和价值，员工也感受到自己的工作获得认可，员工的满足感和归属感加强，工作也更加积极。

活动二　建立直播团队

随着直播内容学习的进一步开展，晓雯更加清楚地意识到一场直播的完成不是单纯地依靠直播镜头前一两个人的现场展示，更是要靠直播间外的整个团队的配合与支持。了解了直播团队的结构，晓雯开始思考如何搭建自己的直播团队，其基本配置又有哪些呢？

建立直播团队

通常来说，一个基本的直播团队大致包括主播、助理、策划、运营、招商和客服等组成，每个岗位具体职责各不相同。

一、个人直播

个人直播团队作为整个电商直播组织架构中的一环，虽"单薄"，但不可或缺。在没有机构和供应链之前电商直播的发展都是由个人直播带动起来的。随着直播的不断发展，很多主播都投靠了商家或者机构等平台。

个人主播身兼数职，除了主播的本职工作之外，还需要兼管策划制作、运营、场控、选品、招商和售后。一个人要构建一支团队，以此来保障一场直播的正常进行。

二、商家直播团队

1. 主播团队

（1）主播。主播是一场直播中出镜最多的人，也是最熟悉产品的讲解和直播间氛围的人。需要负责深入了解产品、介绍展示产品、粉丝互动、活动介绍、复盘直播内容等工作。

（2）副播。副播是协助主播直播的人，通常负责协助主播直播、与主播进行配合；补充讲解产品和回答粉丝问题；直播前熟悉流程和产品，直播时说明直播间规则、讲解产品并解答直播间问题。

（3）助理。助理负责配合直播间所有现场工作，包括灯光设备调试、商品摆放等。

（4）经纪人。经纪人是主播日常直播流程和活动的负责人，通常负责给主播排期并负责部分活动、资源的对接。

2. 策划团队

（1）直播场控：控制直播间节奏，提醒主播节奏、话术，操作直播中控台，负责产品上架，发放优惠信息，发放评论、抽奖、送礼等。

（2）直播策划：策划直播间内容文案；确定直播间流程、脚本、提词等。

（3）执行策划：负责主播玩法培训、玩法设计、脚本策划等。

3. 运营团队

（1）商品运营：管理日常货品业务，通过各种形式开发供应链的商品供货商和合作伙伴；负责商品的提供、挖掘产品卖点、产品知识培训、商品的优化等。

（2）直播运营：推进直播工作，包括产品卖点提炼、直播玩法、官方活动等；管理供应链及直播相关的业务，通过多种形式提升供应链的销量；整理收集业务信息资料，建立最新的信息资料库；整理直播生态相关知识，对下属进行管理培训；协助部门领导制定关于直播卖货的发展目标及完善相关的管理制度。

（3）活动运营：策划直播活动、对接官方活动、争取活动资源和流量；策划自运营直播活动，并关注平台官方活动和各地区政府、产业带的活动。

（4）运营助理：协助直播运营开展工作，如记录直播数据、统计竞争对手数据等。

4. 招商团队

（1）选品团队：对招商招募的产品进行试用、评估、筛选，负责直播选品，对接日常直播间的选品，并协调样品、库存调动的事宜。

（2）招商：负责产品的日常招商；调查分析和评估目标市场，开拓采购渠道；对接运营主播，沟通产品需求；维护优质的商家，保持和商家的良好关系，做好售后。

5. 客服团队

直播间客服负责直播间互动答疑、配合主播、售后发货问题等。售前客服是在用户下单前解决用户问题的人。售后客服是在用户下单和收货后解决用户问题的人。

三、明星合作直播团队

明星合作直播团队的结构同普通商家直播团队的结构类似，在原先的团队结构基础上增添了明星团队，因此团队构成是在商家团队的基础上又有了新的角色加入。

（1）明星主播：需要熟悉产品情况、直播流程并直播讲解产品。

（2）明星经纪人：要负责明星的日程、排期、活动的对接等工作。

（3）化妆师：负责明星整场直播的妆发打造，及时补妆。

拓展阅读

直播带货主播背后的"操盘手"

党的二十大报告中提到：加快建设国家战略人才力量，努力培养造就更多大师、战略科学家、一流科技领军人才和创新团队、青年科技人才、卓越工程师、大国工匠、高技能人才。深化人才发展体制机制改革，真心爱才、悉心育才、倾心引才、精心用才，求贤若渴，不拘一格，把各方面优秀人才集聚到党和人民事业中来。

作为一种新型线上消费方式，直播带货受到越来越多人的青睐。殊不知，一场成功直播的背后，是一个团队的辛苦付出。走进位于港闸经济开发区的直播产业基地——直击主播们背后的"操盘手"。

"今晚直播主打这几件T恤衫，其中19.9元的那件作为爆款产品推出。另外，每隔半小时有一次互动，以此调动消费者的购买欲望……"4月中旬，一个周日的下午，初见该直播渠道运营总监时，他的团队正忙着给主播开会，将直播的每个细节——"过堂"。这位运营总监出生于1996年，别看他年纪小，却有在大平台工作的经历。2020年10月加盟品牌直播之后，他开始带领着一个12个人、平均年龄只有27岁的团队，围绕着直播与主播，开展数据整合分析、渠道开发等工作。

他坦言，直播带货助推线上销售的作用有多大，在很大程度上取决于幕后"军师"的"操盘"。"目前我们运营团队每个人带3个主播，会在每场直播前为每个人量身定制直播方案，帮他们找到自己的定位和特色，这样才能保证直播效果与销售预期。"

"大家看主播带货直播挺热闹的，一晚上能卖上几十万甚至上百万元，其实这背后需要一个完整的团队去支撑和运营，而且每次直播前除了准备详细的销售方案，还要帮助主播选品，操心直播间如何布景、直播时主播如何说话、如何与观众互动，以及直播后的复盘等。"运营总监说，他的团队每天从下午开始工作，直到凌晨才能休息，"直播时，我们一边要实时把控直播节奏，随时提醒主播该互动了、该展示商品了，另一边还要盯着数据，忙得不亦乐乎。"他告诉记者，他和团队对选品环节把关最细："说到直播带货，人们最担心的还是产品质量。把最好的产品送到千家万户，正是我们团队存在的意义。"

资料来源：人民网（有改动）

团队实训

筹备电商直播实操

【任务目标】

筹备一场电商直播需要了解几家不同的直播平台的操作流程，同时要学会建立直播团队。常用的几家直播平台主要是淘宝，抖音和快手等，申请直播权限、熟悉平台操作、知晓平台规则都在操作流程里尽显。本次任务需要团队协作完成筹备电商直播实操的大概过程，实操完成后将实操情况总结汇报。

【组织形式】

以4~8人为一个学习小组，以小组为单位商讨此次筹备电商直播的实操训练方案。

【主要内容】

（1）对筹备电商直播任务进行分解并在组内分工。

（2）团队商讨制定筹备电商直播的实施方案。

（3）分工协作完成筹备电商直播的训练实操。

（4）团队讨论提出改进方案。

（5）组长对团队实操情况进行分析介绍，形成实操总结汇报。

团队负责人（组长）在实操进行前对团队成员进行分工；实操进行中协调处理实操过程中的各项问题；实操结束后对实操过程进行总结汇报（可选用PPT汇报、制作视频汇报等多种形式）。实操全部结束后各组选派队员进行实操情况汇报。

评分内容	分数	评分
态度认真，分工合作	20	
完成情况	50	
创新点	10	
总结汇报表述清晰、流畅	20	
总评		

项目总结

通过本项目的学习探究，晓雯了解到新媒体时代，人人都有成为主播的可能。在学习筹备一场电商直播的过程中，她了解到淘宝、抖音、快手等平台的直播申请权限，熟悉了不同的平台操作，知晓了平台规则。与此同时，也明白了直播团队的结构与建立。晓雯不仅学到了筹备直播的技能，还体会到了团队合作的重要性，她已经开始设想自己未来在直播电商行业的职业规划了。

综合评价

评价项目	评价内容	评价标准	评价方式		
			自我评价	小组评价	教师评价
职业素养	安全意识 责任意识	A. 作风严谨、自觉遵章守纪、出色完成实操任务 B. 能够遵守规章制度、较好地完成实操任务 C. 遵守规章制度、未完成实操任务 D. 不遵守规章制度、未完成实操任务			
	学习态度	A. 积极参与教学活动、全勤 B. 缺勤达本任务总学时的10% C. 缺勤达本任务总学时的20% D. 缺勤达本任务总学时的30%			
	团队合作 意识	A. 与同学协作融洽、团队合作意识强 B. 与同学能沟通，分工、协调工作能力较强 C. 与同学能沟通，分工、协调工作能力一般 D. 与同学沟通困难，分工、协调工作能力较差			

评价项目	评价内容	评价标准	评价方式		
			自我评价	小组评价	教师评价
专业能力	熟悉直播平台操作流程	A. 学习活动评价成绩为90~100分 B. 学习活动评价成绩为75~89分 C. 学习活动评价成绩为60~74分 D. 学习活动评价成绩为0~59分			
	建立直播团队	A. 学习活动评价成绩为90~100分 B. 学习活动评价成绩为75~89分 C. 学习活动评价成绩为60~74分 D. 学习活动评价成绩为0~59分			
专业能力	实训任务测评	A. 按时完成实训操作与任务测评，实操总结汇报表述清晰、流畅 B. 按时完成实训操作与任务测评，实操总结汇报表述基本清晰、流畅 C. 未能按时完成实训操作与任务测评，实操总结汇报表述错误较多 D. 未完成实训操作与任务测评，无实操总结汇报			
创新能力		学习过程中提出具有创新性、可行性建议	加分奖励		
学生姓名			综合评价等级		
指导老师			日期		

项目实训

一、多选题

1. 根据淘宝直播的入驻规则，以下哪些情况属于违规？（　　　）

A. 反对宪法确定的基本原则

B. 发布有关商品参数、商品描述、商品属性的信息

C. 伪造或冒充淘宝网、天猫、聚划算等活动信息

D. 主播推广的商品明显涉及出售假冒、盗版商品，或为出售假冒、盗版商品提供便利条件的

2. （　　　）属于抖音的功能设置。

A. 抖音粉丝团　　　B. 社群运营　　　C. 福利激励　　　D. 线下活动

3. 直播团队的构成有哪些？（　　　）

A. 主播　　　　　　B. 直播助理　　　C. 营运　　　　　D. 客服

E. 策划

4. （　　　）属于直播团队的结构。

A. 新手期商家直播团队

B. 成熟期商家直播团队

C. 发展期商家直播团队

D. 明星合作商家直播团队

5.（拓展题）快手的"普惠式"算法有（　　　）的好处。

A. 流量支持　　　　B. 增强带货能力　　　　C. 回馈用户　　　　D. 关注生活

二、简答题

1. 简述淘宝直播手机端开播流程。

2. 简述抖音平台入驻的优点。

3. 简述直播团队构成中的岗位及职责。

三、实训题

受新冠肺炎疫情的影响，通过直播参观旅游景色不失为一种选择。请从淘宝直播、抖音直播和快手直播平台上中选择其中一个注册直播账号。在直播平台中为自己专业的同学们介绍一处值得推荐的旅游景点。

（1）注册账号时注意申请权限和平台规则。

（2）建议以小组为单位展开作业，注意直播团队的建立。

项目3 策划直播内容和场景

项目概述

经过前期对直播电商的了解，晓雯对直播电商越发感兴趣，她想进一步学习直播内容和场景的策划。晓雯通过招聘网站检索到该岗位的相关要求，包括：在直播前协助直播选品、上架，对直播场地、背景的布置及设备的调试；在直播中协助主播发放福利，观察数据情况，提醒主播随时调整直播策略、讲品顺序等。

知识目标

1. 了解商品选品标准及选品技巧。

2. 了解商品直播基本内容的设计。

3. 掌握直播场景搭建的内容。

能力目标

1. 理解直播商品选品时的考虑因素。

2. 能够对商品直播的基本内容进行合理设计。

3. 能够对直播场景进行基本搭建。

素养目标

1. 理实结合，培养学习兴趣，提升实操水平。

2. 通过实训，具备团队合作意识。

任务一 甄选直播商品

任务描述

"产品选得好，卖货没烦恼"。并不是所有商品都适合通过直播的方式销售，具体哪些商品适合呢？如何甄选直播商品呢？晓雯计划从选品标准、选品技巧、选品价格和数量等方面梳理甄选直播商品的方法。

任务分解

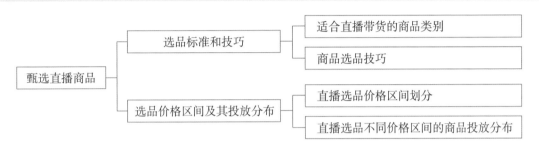

活动一 选品标准和技巧

不管何种形式的直播带货，选品都是电商直播前必不可少的环节，什么样的产品更适合通过直播带货呢？在直播选品时应依据哪些标准呢？

一、适合直播带货的商品类别

对于通过直播带货获得收益的运营者而言，完善的供应链是实现直播带货的前提。在供应链方面，运营者有两种选择：一是自建供应链，一些知名运营者就有自己的完整供应链，同时，快手平台上也有部分本身就是线下商家的账号运营者，这些运营者也有自己的供应链；二是借助平台本身的供应链，随着短视频与直播结合得越来越紧密，抖音、快手等直播平台纷纷建立了自己的供应链，运营者可在其中开设自己的小店实现直播带货。

然而，并不是所有产品都适合通过直播的形式进行带货。比如某奢侈品在小红书平台做了一场直播首秀只有1.5万人观看。产品种类、品牌以及商品利润等因素都会影响直播带货的效果。在供应稳定的情况下，具体哪些种类的商品更适合采用直播的形式呢？

（一）销量稳定型商品

从供应市场的需求方角度，生活必需品、品牌产品、功能直观型产品、有故事背景型产品等销量稳定型商品更能在直播带货中促成交易。

1. 生活必需品

生活必需品即日常生活刚需用品，如卫生纸、洗漱用品、清洁用品等，这些日常消耗量较大的商品比较适合直播带货。如果主播带货时这些商品质量不错且价格又合适，那么大部分人会愿意购买。

2. 品牌产品

品牌产品在直播过程中免去了打广告的费用。大多数情况下，知名度高且口碑较好的产品更容易得到知名主播的青睐。一个好的品牌，在直播过程中和主播是相互成就的，例如董明珠在2020年直播带货格力产品约467亿，除了董明珠女士在行业的影响力外，大家对格力这个品牌的认可度也发挥了重要作用。可见产品的品牌与口碑对直播带货的效果有很直接的影响。

3. 功能直观型产品

美妆类是功能比较直观的产品，如口红、眼影等。主播带货时，只要能将产品的使用效果向消费者很好地展现出来，人们通过屏幕就能直观感受并对产品进行判断和认可。在美妆类产品中口红是最容易吸引消费者目光的一款产品，无论是大牌口红，还是平价口红，都能够满足不同消费者的使用需求。

4. 有故事背景型产品

近两年受新冠肺炎疫情影响，线下消费一定程度上受限，出现了一方面商家产品滞销，另一方面消费者购买渠道受限的双重问题。在这种故事背景下，直播电商的形式就打通了供应和需求的链条，双向解决了供应商和消费者面临的问题。

（二）利润保障型商品

从供应市场的供给方角度，利润的保障是选品的重要标准。因此商家选择商品时会考虑商品是否有利润空间，一般服装类商品、美妆类、食品类商品更容易推广，因为通常情况下直播间18～55岁女性占比较大，这类人群对这些商品需求量大，因此对利润空间的保障也更大。

图3-1-1　利润保障型产品（服装类）直播带货

二、商品选品技巧

（一）选择与账号属性相关的产品

电商中的垂直度是指电商主播的标签，随着计算机智能化的应用，系统会自动识别各个账号的喜好，例如喜欢浏览哪类商品、常常发布哪些内容等，再精准推送相关内容。在直播电商中系统会自动根据电商主播的垂直度推送相关产品，并把电商主播的账号推荐给相对需求的粉丝。标签、垂直度越精准，越容易获得精准的粉丝流。所以电商主播在选择产品时要选择与账号属性相关的产品，这样才能被分配更多精准流量。

（二）选择亲自试用过的产品

大部分的粉丝与主播在兴趣爱好方面高度契合，如果主播选择亲自使用过的产品进行推介，会更有说服力，也更有可能被粉丝接受。例如，主播在推荐多次使用过的一款粉底液时，更能说出该产品适合什么肤质、适合哪个季节等。

（三）选择热度高的产品

热点信息总能在瞬间吸引关注量，主播在选品时如果能抓住热点信息，选择热度高的产品，更能吸引粉丝的关注和转化。另外，在节假日选择符合节日氛围的产品，也能引起粉丝的兴趣。例如，在端午节前售卖粽子，在中秋节前售卖月饼等。

（四）选择低客单价的产品

相比高客单价的产品（如电视、洗衣机等家电产品），低客单价的产品（如卫生纸、洗衣液等日用品）的市场往往更大。因为产品的客单价越高，越需要深思熟虑，粉丝在直播间看一个产品的时间可能只有几分钟，无法在短暂的时间内做好决定。但低客单价的产品，又是日常用品，不管家里有没有，只要产品好，性价比高，就可以买来备货。

另外，低客单价的产品一般复购率也较高。直播间的粉丝群体相对稳定，如果粉丝买过一次产品，认为性价比高，在二次回购的同时还有可能在直播间夸赞其产品，引发其他粉丝转化。

【小提示】

如果直播平台后台的粉丝数据信息较少，可以在直播眼、飞瓜数据等第三方平台了解直播间的粉丝信息。

知识拓展

抖音电商平台选品思路

以抖音电商平台为例，重点介绍抖音电商平台选品思路。

表3-1-1　抖音电商平台选品思路

产品本身	外观	直观、简洁、容易展示、颜值高等有吸引力的商品。注意尺寸不要太大，否则不利于展示。
	质量	好的质量有利于口碑分和店铺DSR的提升，对后期流量有加持的作用，所以在选品时一定要把好质量关，尽可能通过材质、品牌、无修图照片、实物视频等各种方式了解产品质量，必要时要求寄样查看样品，产品质量达到自用级别。
	功能特性	尽量选择受众广、目标人群接受度高的产品，少选奇特的产品。
	生命周期	优先考虑处于产品生命周期初始位置的产品，这种产品成为爆款的概率更大，且距离淘汰时间略长。
	定价合理	定价合理指包括佣金在内的总定价。
	产品评价	通过好评率可以对商品有更综合的了解，一般要求好评率至少在85%。
商家实力	发货速度	好的销售一定要配套好的供应，一般要求顾客拍下产品后3天以内就得发出，有现货的货源可以优先考虑。
	售后处理	注意带货商品是否支持7天无理由退换，是否有运费险，是否有破损包赔，等等。
	DSR评分	带货商品店铺分数DSR用户口碑至少4.5分以上，太低的应慎重考虑合作，因为会影响账号带货口碑分。
市场需求		应季产品、热点产品等优先考虑。例如应季衣服销售，中秋节前的月饼销售，近期大主播或明星刚刚带爆的商品等。如果这类商品正好和账号做的商品类别有相关或重叠，就可以重点推介这部分商品。

活动二　选品价格区间及其投放分布

晓雯通过学习了解到商家在做商品营销时一般会将商品分为引流款、爆款、利润款三类，商品在该类产品的价格区间决定了该商品在商品营销中所属的类型。为达到利润最大化，直播电商的营销同样延续了这种方式进行定款选品。晓雯继续学习探寻选品价格区间与商品营销款式的对应关系和各类价格区间选品数量分布。

一、直播选品价格区间划分

直播选品根据直播需求和直播策略不应局限于单一品种，根据直播电商营销需求一般将直播商品分为引流款、爆款、利润款三大类，这三大类商品分别对应不同价格区间的商品，在直播营销中有不同的"使命"。通常根据这三类商品的特点将直播选品价格划分为低价格区间商品、中等价格区间商品和高价格区间商品。

（一）低价格区间商品（引流款商品）

处于低价格区间的商品本身价格基数较低，不能承担保证利润的责任，在直播中往往担任吸引流量的作用，所以常把处于这类价格区间的产品称为引流款产品。引流款产品可以为直播间吸引流量，引进更多用户。这类产品有着成本低、易被接受等优点，不管线下实体店面还是线上电商店铺都常常将之用于对店铺进行引流。在直播电商平台中，很多用户进入直播间，往往也都是被引流款的显著特征或性价比所吸引。

引流款商品的利润一般控制在1%以内，有时为了在直播前期吸引流量会将引流款折扣定在30%以上，有些甚至高达50%。引流款不是利润的主要来源，一般情况下引流款不获利或获利很少。基于低价格区间的商品本身成本不高且一般在引流时会进行数量的控制，所以在引流时也可以相应减少亏损。

同样一个商品，用户愿意以更低的价格买入，利用这种消费心理，在直播时除了选用价格区间较低的产品作为引流款的常规引流外，也有的主播直接用限时限量降低商品价格的方式引流。

（二）中等价格区间商品（爆款商品）

中等价格区间的商品往往会出现爆款商品。爆款就是高流量、高曝光量、高订单量的商品。高性价比的商品是销量的保障，也是成为爆款商品的保障。爆款和引流款有相似之处，都能够带动直播火爆销售的氛围，但爆款的生命周期更长，且定价也会随时发生变化。通常，爆款商品前期讲求性价比，常常是价格低、利润低，等销量增长后逐步提高价格，增加利润。

（三）高价格区间商品（利润款商品和形象款商品）

管理学中的"二八定律"同样适用于直播销售管理，商家80%的利润大多来源于20%的商品，因此在直播销售中花80%的精力投放在20%的商品中才能保证利润的最大化。这20%的商品就是位于高价格区间的利润款商品和形象款商品。利润款商品，指销量不高但利润占比大的产品，这类产品一般定价也略高。

利润款商品主要用于锁定特定粉丝，主播在选品时，可选择有设计感或与直播间其他产品有明显区别的产品来作为利润款，这类产品虽然销量不高，但定价较高。直播间在发展后期，主要以爆款和利润款商品为主，并降低引流款的占比。

形象款商品是一些高品质、高调性、高客单价的小众产品，仅占产品销售中极小一部分，目的是提升形象。形象款商品可以在无形中提升观看者对直播间的信任和好感。在直播中，主播应根据自己直播间的实际情况，合理安排各个产品款式的占比，尽可能达到利润最大化。

二、直播选品不同价格区间的商品投放分布

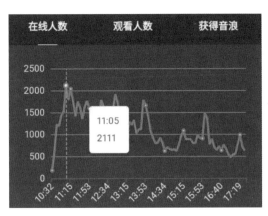

图3-1-2　直播粉丝数据统计

直播选品要把握好商品的价格区间，让低价的商品吸引流量，让高价的商品去盈利。直播间有了流量才会有推荐、有销量，处于低价格区间的引流款商品一般会用在直播带货开始前半个小时的热场活动。图3-1-2为某数据平台"实时大屏"中统计的直播在线人数，从在线人数中可以看出，在开播前30分钟主播用引流款商品来吸引流量进直播间的效果较好，此时在线人数达到最高峰，为后续直播奠定流量基础。

位于中等价格区间的爆款商品在直播中的主要目的是为直播间带来销量和业绩。这类商品作为直播间主打款，一般讲解频次多或讲解时长较高，以便让消费者充分了解该商品。这个区间段的商品需要时不时地出现在直播中，它们贯穿于整个直播讲解中，以便加深观众对该商品的印象，从而达到清库存、冲销量、保业绩的目的。

利润款商品决定了一场直播盈利的多少，为确保利润款商品被更多的人看到，直播间人气和流量较高的时间段是利润款上架较好的时候。在直播过程中主播可以就利润款进行反复讲解，让消费者更多地了解商品的信息，特别是在流量较高的时候，主播可以适当拉长利润款商品的讲解时间，反复强调产品的价格或活动，以此增加商品的转化率，提升整场直播的利润。形象款商品在直播间出现的很少，有些直播间甚至没有形象款商品，所以形象款商品可以投放在直播间人气不高也不低的时段，让主播捎带讲解即可。

【做一做】

任意选定商品类别，模拟选品并制定选品价格区间及其投放分布方案。

▍▍▍ 团队实训

直播选品实操

【任务目标】

每个小组根据喜好和实际情况，选定商品类别，制定选品方案进行选品实操。请各小组自行选定商品后，协商制定包括选品使用平台、选品人员分工、具体选品价格区间和数量区间的设定等选品策略，最后将实操情况总结汇报。

【组织形式】

以4~8人为一个学习小组，以小组为单位商讨此次直播选品方案。

【主要内容】

（1）选定直播商品，并说明理由。

（2）设计选品方案。

（3）小组内分工协作进行选品实操。

（4）小组内讨论提出改进方案并确定最终选品方案，包含选品价格、数量等。

（5）组长对小组实操情况进行简要分析介绍，形成实操总结汇报。

组长在实操进行前对小组成员进行分工；实操进行中协调处理实操过程中的各项问题；实操结束后对实操过程进行总结汇报（可选用PPT汇报、制作视频汇报等多种形式）。实操全部结束后各组选派组员进行实操情况汇报。

评分内容	分数	评分
态度认真，分工合作	20	
实操完成情况	50	
实操创新点	10	
实操总结汇报表述清晰、流畅	20	
总评		

任务二 设计直播内容

任务描述

晓雯对直播选品有了一定的认识，她对直播的工作内容依旧充满着新奇。如何将选定的商品通过直播平台进行销售呢？如何设置直播的封面、标题等信息呢？如何协助安排直播流程呢？晓雯打算继续深入研究。

任务分解

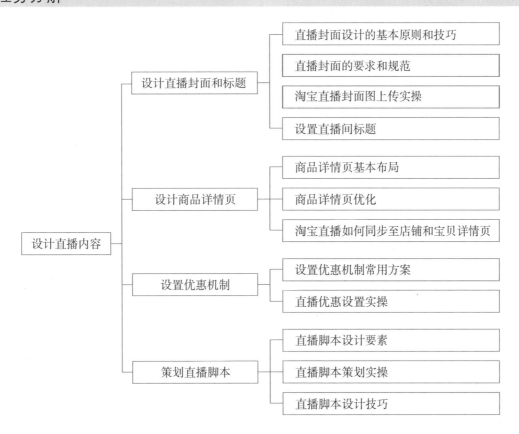

(●) 活动一 设计直播封面和标题

直播封面和标题是大家第一眼看到的信息，在读图时代，图片对视觉的冲击力比文字要大。当用户使用直播软件时，第一眼看到的不是主播、产品等正在直播的具体内容，而是直播封面图和标题。好的封面图和标题能够迅速抓住观众的注意力，吸引消费者进入直播间，从而提升进店购买的概率。晓雯认为优化直播封面和标题是一种性价比极高的推广方法。

一、直播封面设计的基本原则和技巧

直播封面的好坏很大程度上影响着直播的点击量，直播封面在设计时，一是优先选择颜色鲜艳、醒目的图片，二是优先选择高像素、高质感的图片，三是必要时可考虑用比较夸张、新奇的图片来获取更多的注意力。

除基本原则外，设计直播封面时还应注意以下几个设计技巧。

1. 画面清晰

画面清晰是直播封面的基本要求，设计封面时应使用高清图片，一般建议在平台要求下尽可能选择高像素的图片，如图3-2-1、图3-2-2所示。

图3-2-1　画面清晰的优质封面图　　　　　图3-2-2　画面模糊的劣质封面图

2. 主播出镜

设计直播封面时可加入主播照片或商品相关的清晰人物照，有主播出镜的封面代入感会更强。如图3-2-3所示封面能让观看者跟随主播置身其间，凸显直播产品的新鲜和原生态。图3-2-4所示封面没有主播照片，虽然照片中的水果很诱人，但对比主播出镜照片略缺少吸引力。

图3-2-3　主播出镜的直播封面　　　　　图3-2-4　主播未出镜的直播封面

3. 内容简洁

设计直播封面时应突出重点，方便读者快速知道直播内容。直播封面图片上若有文字内容，文字应只占一行，控制在10个字以内。图3-2-5所示封面图是简洁款直播封面选用的图，可以快速地抓住所要直播的内容，从而吸引需求人群观看。图3-2-6所示封面要素信息过多，会使浏览者注意力分散，不知直播主题而不去浏览。

图3-2-5　内容简洁的直播封面图　　　　　图3-2-6　内容烦琐的直播封面图

4. 文案打磨

优质的文案都是经过用心打磨的，这样才能吸引更多浏览人群。例如，在选择卸妆产品文案时，"教你卸妆不伤肤小技巧"文案会优于"不伤肌肤的卸妆水"；开学前文具用品直播封面文案选用"开学季必备"会优于"文具用品直播"。

5. 图片展示使用场景

在图片中展示使用场景是直播中场景营销的一种方式，展示使用场景，可以让消费者身临其境，激发购买欲望。例如，直播销售燕麦商品时，直播封面设置为一个女白领正在吃早餐，碗里放的是直播销售的燕麦片的场景；直播销售宝宝护栏时，直播封面设置为在家里的客厅中，宝宝在护栏里玩耍，家长可以很安心地在旁边做些自己的事情，让人感受到护栏带给家长解放双手的轻松感。

6. 使用人群突出

当产品销售对象是特定的人群时，直播封面设置时就可以把这类人群凸显出来，可以帮助直播商家迅速吸引到匹配的消费者。这类直播封面一般用于销售小巧美丽、小众亚文化的产品，例如，cosplay类服装直播销售的直播封面可以放置一个cosplay人像；汉服直播销售的直播封面可以放置一个身着古装的端庄淑女。

二、直播封面的要求和规范

1. 不要出现标题以外的文字内容

封面图要给人干净整洁的印象，为避免干扰标题，图片上不允许出现除标题以外的文字信息。如果想额外展示促销信息或商品卖点，可以用浮窗功能予以协助显示。

2. 不要用拼接出来的封面

直播间封面应大气、干净，拼接图、加边框的图片等会让整个封面显得细碎。

3. 不要留联系方式

为了避免平台直播间的流量流向其他地方，直播封面禁止放二维码、水印、联系方式等信息。

4. 不允许使用没有版权的明星肖像

不能使用没有经授权的专家照片、明星照片或者网红照片，不能随便说自己某个产品是某某明星同款。

5. 图片不能涉黄，不能过分暴露

这是各平台对直播封面的基本要求，所有设计均需在此界限范围内。

6. 画面完整，主题突出

画面要完整即封面画面要显示人物或商品的全貌，不能截取部分显示；主题突出即封面中需要显示的商品应突出展示，而不是掺杂在某一个场景中，避免其他细碎物品喧宾夺主从而使画面凌乱。

三、淘宝直播封面图上传实操

淘宝电商平台的直播平台是淘宝主播，在上传淘宝直播封面图时需登录"淘宝主播"平台，点击"创建直播"，弹出的界面中会显示"上传图片按钮"，见图3-2-7创建直播界面

图3-2-7　创建直播界面图

图。在创建直播界面图中点击"上传图片"选项即可把制作好的直播封面上传。上传时要求照片大小控制在2MB以内，正方形图。

淘宝直播封面图可显示在手机淘宝直播频道的关注页、精选页和首页，所以在上传淘宝直播封面图时需要同时满足以上各页面的需求。在点击图片上传后可在淘宝直播封面图显示效果调整界面（见图3-2-8淘宝直播封面图显示效果调整界面）中进行裁切、调整及预览，旨在选定手机淘宝直播频道的关注页、精选页和首页不同场景投放比例，以达到理想的视觉效果。开播后消费者可通过淘宝直播手机端APP点淘观看相应的直播，图3-2-9即为淘宝直播手机端封面效果图。

图3-2-8　淘宝直播封面图显示效果调整界面

图3-2-9　淘宝直播手机端封面效果图

四、设置直播间标题

直播封面固然重要，但好的直播标题也能够对直播流量予以加持，好的标题能够吸引更多流量，避免优质内容的埋没。

1. 痛点型标题：找到痛点，提出解决方案

痛点型标题以用户在生活中的烦恼为核心，深入挖掘用户的需求点，在标题制作时，巧妙地将商品功效与解决方式联系在一起，从而吸引用户的注意力，促进点击。

2. 逆向表达型标题：制造反差，引起用户注意

逆向表达需要以"逆向思维"为基础，通过制造反差，引起消费者的注意，再告知原因，用非常规角度对所销售的东西进行促销。

3. 悬疑型标题：引起用户强烈好奇心

悬疑式标题就是利用好奇心来吸引用户注意，抓住用户眼球，提升用户兴趣，促成点击。

4. 热点型标题：借助热点话题吸引流量

热点内容常常会成为大家在固定时间段内特别关注的内容，在标题制作时，可以借助热点吸引流量，增加直播间的点击率。例如，奥运会期间，运动用品的销量可以在这期间迅速提升；"七夕"将至，某品牌美妆产品以此为噱头，眼线笔产品直播的标题为"花漾七夕，眸诉爱意"。

5. 教学型标题：快速学会某项技能

教学型的标题可以吸引学习相应技能的人群，在学习的同时销售相应工具或产品。教学型标题将销售的成分弱化，融入对某项技能的传授。例如，直播化妆品标题"一对一指导，精准解决敏感性肌肤问题""手残党都可以学会的化妆技巧"，这种标题抓住了用户可以从直播中获得实际技能的心理，是一种很好的直播标题类型。

6. 紧迫型标题：加快用户点击速度

紧迫型标题是通过给观看者一种紧迫感，试图营造一种"错过了就买不到了"的感觉，从而促使用户点击购买。这样的标题既迎合了用户"贪便宜"的心理，又营造了紧迫的氛围，一般路过的潜在需求人群就很有可能点进去看看，避免错过好货。

7. 幽默型标题：吸引用户目光

幽默的语言可以拉近商家与消费者之间的距离，可以使消费者处于一个放松状态。幽默型标题通过博消费者一笑，调动消费者进一步关注的积极性，为促成交易提供机会，如图3-2-10所示。

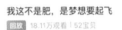

图3-2-10　幽默型标题

(●) 活动二　设计商品详情页

好的商品详情页能激发顾客的消费欲望，给消费者树立信任感，打消顾客的消费疑虑，促使顾客下单；同时可以传达企业品牌信息，完成从普通流量到有效流量再到忠实流量的转变。如何设计一个好的商品详情页呢？晓雯继续深入学习。

直击大赛

在电子商务技能比赛直播赛项中对商品详情页的设计也有一定的要求，一般要求在详情页中包含正确的商品属性图、商品特点图、商品整体图、商品特写图、配送说明图、售后说明图。除此之外，对将直播商品正确链接到商品销售页也有考察。

一、商品详情页基本布局

商品详情页主要包括商品焦点图、商品参数、商品细节图、商品场景营销图、正品保障等售后其他信息。设计商品详情页时一般遵循实用、美观、直观的原则。

1. 商品焦点图

商品焦点图是一种图片的展现形式，一般在商品详情页的第一部分，对商品进行突出展示，通过有视觉吸引力的画面，吸引消费者对商品详情页进一步浏览，如图3-2-11所示。通常情况下，以图片为载体的焦点图的点击率明显高于纯文字，其转化率约是纯文字标题的5倍。

2. 商品参数

商品参数是对商品型号、材质等进行介绍，方便消费者对产品各参数有一个理性认知。各类别的商品参数信息在平台上一般都有相应的模板，按照模板提示填写相应参数就可以做好这部分的维护，如图3-2-12所示。

图3-2-11　商品焦点图

出版社：北京师范大学出版社	ISBN：9787303263066	版次：1	商品编码：13324696
品牌：北京师范大学出版社	包装：精装	开本：12开	出版时间：2021-03-01
用纸：铜版纸	页数：108	字数：50000	正文语种：中文

图3-2-12　商品参数图

3. 商品细节图

商品细节图一般采用图文并茂的形式，对商品卖点进行展示，吸引消费者购买。商品细节图一般会展示商品各角度的外观图、商品的内部细节，并在图上或图旁附上文字，将图片无法直接传递的产品特性更直接地表述出来，如图3-2-13所示。

4. 商品场景营销图

商品场景营销图是将商品带入场景使用中，引导消费者对产品的使用感同身受，从而激起消费者的购买欲望，如图3-2-14所示。

图3-2-13　商品细节图

图3-2-14　商品场景营销图

5. 正品保障等售后其他信息

这部分内容主要用于列明与消费者一些常规的合约，如物流信息、7天无理由退换货、售后服务等。对于这部分内容，虽然多数情况下消费者并不会细看，但是写在这里会给顾客更多的安全感，也会让消费者对卖家有更多的信任。在详情页的最后常常会放上问题解答、正品保障、物流、入会信息等。

二、商品详情页优化

商品详情页不是简单的信息堆砌，而是需要不断优化。由于客户不能真实体验产品，所以商品详情页成了消费者最直观了解商品信息的渠道。商品详情页一般要遵循以下原则。

（1）真实感。商品详情页应真实再现产品原貌。

（2）逻辑感。商品详情页的部署应逻辑清晰、详略得当，让消费者能够通过商品详情页清晰地了解对应商品，最终达成购买。

图3-2-15 阿胶详情页图（截取）

（3）亲切感。商品详情页可以通过设计与消费人群相符的文案、图片、营销场景等拉近与消费者之间的距离。图3-2-15是一款阿胶产品的商品详情页图（截取），阿胶属于养生品，商家用来自一年四季的亲切关怀拉近与阿胶消费者的距离。

（4）对话感。商品详情页替代了线下销售中销售员与消费者对话的过程。所以商品详情页应以一幅"会说话"的长图，代替线下销售员以线上对话的逻辑向消费者介绍商品的形式。

（5）氛围感。线上销售的销售氛围营造和实体店一样重要，商家应通过商品详情页向消费者传达该商品有很多人购买的气氛，让买家因从众心理而决定购买，或者将产品置于场景中营销，让消费者感同身受。

知识链接

商品详情页要规避的点

1. 图片文件太大

图片清楚可以从视觉上给消费者一种好的感官享受，但是商品详情页往往是商品信息展示最全面的地方，也意味着图片容量需求很大。如果在保证内容充分的基础上盲目追求高清画面，就可能会使该图片文件太大，用户用手机端打开可能出现卡顿的情况，这时候会容易流失潜在用户。所以商品详情页图片不能过大，在大小合理的范围内尽可能清晰即可。

2. 内容杂乱

商品详情页涵盖内容比较全面，因此在设计和制作时要进行合理的区域规划，做到主次清晰，详略得当。无序的内容填充会让长图显得凌乱，最终错失消费者。

3. 相关推荐不宜过多

相关推荐产品是在做好商品详情页商品营销的基础上附带一些附属品或相关品进行营销。在设置时要避免喧宾夺主，应尽可能地控制相关推荐品的数量，一般3~5个就足够了。

三、淘宝直播如何同步至店铺和宝贝详情页

通过电脑端进入淘宝直播网站，在店铺直播时进入直播界面，在直播界面下方的"互动面板"中单击"宝贝"即可按提示将店铺宝贝加入直播列表，如图3-2-16所示，上架商品后，移动端的购物车就会有对应商品的显示，如图3-2-17所示。

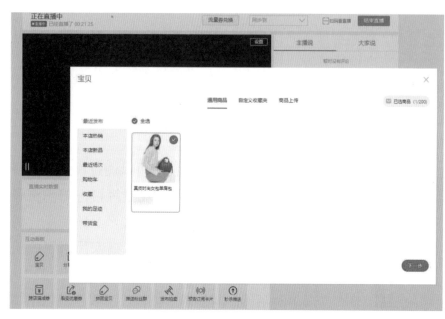

图3-2-16　商品加入直播列表界面　　　　　　　　　　　图3-2-17　商品上架后移动端界面

回到直播屏幕，单击右上方的"同步到"后，在下拉菜单中选择"同步到店铺&商品"，就可以将直播商品同步到店铺和宝贝详情页，如图3-2-18所示。直播观看者通过"点淘App"看到的直播观看者界面1，如图3-2-19所示。点击购物车图标中的商品，可以进入

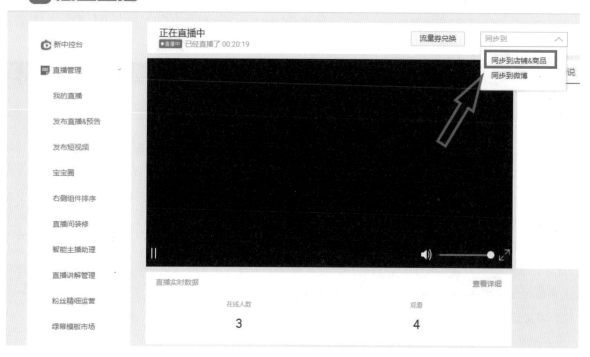

图3-2-18　同步到店铺&商品

直播观看者界面2，如图3-2-20所示。再进一步点击"马上抢"就可以从直播间直接进入类似淘宝购买界面，进行商品购买，如图3-2-21所示。或者直接点商品图片进入商品详情页，如图3-2-22所示。

图3-2-19　直播观看者界面1

图3-2-20　直播观看者界面2

图3-2-21　直播间购买界面

图3-2-22　直播间商品详情页

活动三　设置优惠机制

　　晓雯了解到优惠机制是销售中的常用方法和手段。在线下销售中，销售员会根据顾客情况实时提供一些优惠，从而达成交易；在线上交易中，由于主播不能实时观测消费者的意愿，为提高驻足率和成交量，主播在直播过程中应定期、不定期地发放一些优惠。一般优惠方式包括分时段产品秒杀和整场直播的优惠信息陈列，这样可以让用户选择时间段进行观看或再次进入，且不会因为过长的等待时间而烦躁。

　　一、设置优惠机制常用方案

　　直播过程中常用发放优惠券、抽奖等方式来活跃用户。比如一场一小时的直播，可以每隔20分钟进行一次抽奖，也可以根据实时直播效果来增加抽奖频率，或者变化、改进抽奖内容。例如，在奖项中安排优惠券的发放，用满减优惠券引导消费者增加商品选购，提高复购率。一般情况下，一场成功的抽奖投放要保证一半以上的人都参与抽奖互动。

　　1. 发放产品优惠券

　　产品优惠券能够有效激发消费者的购物热情，是一种促使消费者将消费想法转化为消费行动的高效方法。如果消费者对直播的商品较满意，同时又在直播中获得了产品的优惠券，那么他最终购买的概率就会大大提升。

　　对比线下优惠传单的发放，直播间优惠券的投放更加精准，消费者在主播的介绍和产品优惠券的双重吸引下更容易下单购买。此外，优惠券还可以提高消费者黏性和复购率。为了能够更有效地实现消费者复购，发放产品优惠券时要设置一定的规则，例如明确优惠券的使用期限，传达优惠券数量及优惠产品数量有限的信息。

　　2. 产品买赠

　　产品买一送一是一种典型的以产品为中心的福利营销方式。产品买一送一不同于产品直接打5折，后者只需花一半的钱即可购买一件产品，而在买一送一的方式下，所送商品可以是同款，也可以不是同款。例如，卖手机壳送手机配套贴膜，卖衣服送丝巾都属于"产品买一送一"的范畴。这就是以产品买赠来吸引消费者的营销方式。

　　3. 满减活动

　　满减活动是消费者在购物满一定的金额后可以减免一定金额，运营者可以根据购满金额的高低设置不同的减免金额，例如，运营者可以规定"满599元减100元""满299元减50元"。消费者会为了达到满减金额而多加购本不在购买计划内的产品。

　　为了刺激消费者尽快做出购物决策，运营者在进行福利营销时也会明确福利的时限，例如规定"8小时内补单享8折优惠""前100个订单有好礼相送"等，以此促使消费者尽快下单。

　　二、直播优惠设置实操

　　以淘宝直播平台为例，进入淘宝直播界面开始直播后，进入直播界面下方的"互动面板"，如图3-2-23所示，上面罗列了很多优惠设置选项，包括分享抽奖、优惠券&红包、跨店满减券、裂变优惠券、福利弹窗、倒计时红包、秒杀配置等。在直播过程中可以应用这些优惠选项进行福利的发放，从而活跃气氛、吸引流量、促进销售。

图3-2-23 淘宝直播间互动面板

互动面板界面中第一个优惠选项为"分享抽奖"。PC端的"分享抽奖"即手机直播界面中"福利抽奖"，它是主播与直播间用户互动、拉新涨粉的"利器"，通过这种优惠投放不但能够活跃直播间氛围，提升直播流量，更能通过用户拉新助力的方式产生裂变促进涨粉，帮助主播提升用户直播间停留时长。用户在参与抽奖的同时可以帮助直播间提升分享、关注及亲密度的转化。分享抽奖具体操作如下。

第一步：通过点击"分享抽奖"入口进入抽奖界面，如图3-2-24所示。

图3-2-24 分享抽奖入口

第二步：学习"福利抽奖活动管理规则"并对"分享抽奖"界面进行填写，如图3-2-25所示。具体各部分填写方法如下。

分享抽奖 ✕

抽奖设置

* 奖品名称： 最多16个字

* 奖品价值： 输入单个奖品价值，1-50000元

* 奖品数量： 输入奖品数量，1-1000件

* 开奖时间： ● 倒计时设置 1分钟 ⌄

　　　　　　○ 自定义设置 20:25 🕐

* 上传奖品图：

＋

宽高 1:1 尺寸 800*800

开始抽奖

图3-2-25　分享抽奖界面

78

（1）奖品名称：输入要投放的奖品名称，注意虚拟商品不能作为奖品。

（2）奖品价值：此处输入所投放的奖品单价，价格范围在1～50000元（含），可保留至小数点后2位，商品的价值应如实填写，不得虚报。

（3）奖品数量：此处输入所投放的奖品数量，数量范围在1～1000件（含），在每次开奖时每个用户有一次抽中的机会。

（4）开奖时间：选择开奖的时间，可以采用倒计时设置或者自定义设置。倒计时设置，可选择1～60分钟倒计时；自定义设置，可选择具体某一时间开奖（仅限当天24：00前）。

（5）上传奖品图：上传所投放的奖品图片（一张即可），图片必须为奖品的真实信息，不得误导消费者。

（6）开始抽奖：当各项内容填写完成后，"开始抽奖"按钮就会变成可以点击的高亮状态，这时单击该按钮即可启动抽奖。点击"开始抽奖"前一定要核对各填写事项准确无误，一旦开始抽奖，无法撤销。

（7）抽奖记录查询：单击界面右边"抽奖记录查询"按钮可以查看每次获奖用户名单，主播可以在此处直接点击中奖用户的旺旺号与中奖用户取得联系。

第三步：用户从"点淘App"进入直播界面即可看到抽奖情况，用户可以先点击"立即关注"提升中奖概率，再点"分享活动 参与抽奖"进行抽奖，如图3-2-26所示。

图3-2-26　观众抽奖界面

活动四　策划直播脚本

直播脚本即直播使用的规划纲要。无论拍摄一段视频还是做一场直播，都需要设计脚本。在视频拍摄或者直播策划中，除了人员、设备、场景、装修等准备外，直播的脚本可以让整场内容更加规范和流畅。晓雯迫切地想学习如何策划直播脚本。

一、直播脚本设计要素

如果没有直播脚本，很有可能会出现在直播中自说自话、自娱自乐、没有重点的情况，主播毫无逻辑地讲解产品，面对粉丝的提问也不能迅速合理回复，会大大影响直播的效果和转化。设计直播脚本主要包括以下要素。

1. 直播主题

每场直播都有一定的主题：如拓宽销路、清仓大促、新品上市、店庆反馈、传播品牌等。只有先确定直播的主题，才能围绕主题完成直播脚本的策划。

2. 直播时间段

不同的时间进行直播，对应的粉丝群体是不一样的，脚本的设计也不相同。

（1）6：00～10：00：在这个时间段，常规的上班族基本没有时间看直播，受众一般为有闲暇的人，而这部分人的收入往往是相对稳定的。另外，这个时间段虽然观看直播的人少，但开播的人也少，所以竞争相对较小，可以把这个时间段归为圈粉的好时机。

（2）12：00～14：00：这个时间段基本属于午休时间，很多人有一定的闲暇时间，有利于维护粉丝。

（3）14：00～18：00：这个时间段是多数人较忙的时间，几乎没有时间观看直播。

（4）18：00～24：00：黄金时间，这个时间段粉丝活跃度非常高，同时也是直播开播的高峰，虽然观看人数多，竞争也大，新手主播想在这个时间段留客比较困难。

（5）24：00～3：00：这个时间段大多数人都进入了睡眠，部分游戏爱好者还在线，所以该时间段游戏直播比较多。

3. 单品解说脚本

单品解说是针对单个商品解说产品卖点、利益点、视觉化表达设计、品牌介绍（信任背书）、引导转化（粉丝互动）等。其中，产品卖点的解说是核心，同时也需要主播在直播的过程中，在介绍商品的同时，能够与粉丝有一个好的互动。

以服装产品为例，解说脚本要素一般包括服装的材质、版型、尺码、细节特点、搭配方式、适用场景等，除此之外，主播要在解说间隙及时查看粉丝提问，回答粉丝问题，为顾客及时答疑解惑，有效互动。

4. 整场脚本设计

整场脚本设计是对整场直播的设计规划纲要，指导着整场直播如何进行，包括整场直播的简要规划和各个时间段的具体安排。设计好总体框架后，再填充好每个时间段的内容，基本就能保证直播的顺利进行了。一般可分为热场、直播内容介绍、商品介绍、高流量产品返场演绎、督促领券购买、后续直播预告等环节。一般直播流程设计越详细，直播效果越好。

二、直播脚本策划实操

直播前详细地策划好直播脚本可以帮助主播在直播中有效控制直播节奏，保证直播的稳定性。此外，在直播脚本策划中也可以提前设置一些暖场方案，保证直播间气氛。下面以某市电子商务技能大赛直播赛项为例进行直播脚本策划。直播设计要求策划一场10分钟的直播，涵盖两款商品的介绍，直播脚本策划方案见表3-2-1。

表3-2-1　直播脚本策划方案

整场脚本设计	直播内容规划	直播人员安排	直播时间规划
直播开场	问好及自我介绍	主播+助理	1.5分钟
	本次直播计划	主播	
	促销活动		
单品1解说脚本	商品基本属性	主播	3分钟
	商品特色、卖点介绍		
	商品日常价格、直播促销价说明	主播+助理	
	商品的特写展示		
促销活动简要介绍、优惠价发放、弹幕问题处理			1分钟
单品2解说脚本	商品基本属性	主播	3分钟
	商品特色、卖点介绍		
	商品日常价格、直播促销价说明	主播+助理	
	商品的特写展示		
弹幕问题处理			0.5分钟
直播结尾	引导关注、感谢语		1分钟

一个合理的直播间流程设计能大大提升直播间的节奏感，既方便主播把控全场，又会激发用户的观看兴趣。区别于比赛，在实际电商直播中往往直播时间较长、直播商品种类也有多有少，针对不同的情况，下面介绍两种不同的直播流程设计。

1. 过款型流程设计

如果一场直播需要直播多款商品，主播需要依次介绍每款商品，每款商品均需在这次直播中介绍一次，这种直播的直播脚本就需要设计为过款型流程直播脚本。以8款商品，两个小时的直播安排为例，具体设计流程见表3-2-2。

表3-2-2　过款型流程设计

时间安排	直播内容	主播安排
10分钟	直播开场	主播+助理
30分钟	第一组3款主打商品介绍	主播
10分钟	第一组1款促销款商品介绍	主播
10分钟	门店活动介绍+弹幕处理	主播+助理
30分钟	第二组3款主打商品介绍	主播
10分钟	第二组1款促销款商品介绍	主播
20分钟	第一组+第二组快速过款+结尾	主播+助理

2. 循环型流程设计

有些直播只需要介绍少量商品，如果再采用过款型流程，浏览者长时间观看一个商品的介绍会失去耐心，这时就可以在一场直播里把所有的产品循环介绍，这就是循环型流程设计。以4款商品两个小时的直播安排为例，具体设计流程见表3-2-3。

表3-2-3　过款型流程设计

时间安排	直播内容	直播人员安排
10分钟	直播开场	主播+助理
30分钟	3款主打商品介绍	主播
10分钟	1款促销商品介绍	主播
10分钟	门店活动介绍+弹幕处理	主播+助理
30分钟	3款主打商品介绍（循环）	主播
10分钟	1款促销商品介绍（循环）	主播
20分钟	弹幕处理+快速过款+结尾	主播+助理

一个合理的直播间流程设计能大大提升直播间的节奏感，既方便主播把控全场，又会激发用户的观看兴趣。

三、直播脚本设计技巧

（1）根据商品特性，确定好各商品在带货直播中的出场顺序，注意充分利用各商品之间的关系，实现各商品之间的平滑转换。

（2）提前对直播的流程和节奏进行安排和演练，各商品的讲解时间要能得到合理的安排和分配。

（3）将提炼出来的商品感受、产品优点、产品基本信息、直播话术等内容分类整理后再写进直播脚本。

团队实训

直播内容设计实操

【任务目标】

各小组结合本任务所学内容进行分工合作，完成直播内容设计中的直播封面、标题、商品详情页的设计，完成直播商品详情页的同步，以及直播脚本的策划。实操过程中每个小组既可以选择一个直播平台，也可以选择多个直播平台分别尝试。最后将实操情况总结汇报。

【组织形式】

以4～8人为一个学习小组，以小组为单位商讨直播内容设计方案。

【主要内容】

（1）根据小组各成员特点和优势进行具体分工。

（2）制定本小组直播内容设计方案。

（3）小组分工协作进行直播内容设计实操。

（4）小组讨论提出改进方案并确定最终直播内容设计方案。

（5）组长对实操情况进行分析介绍，形成总结汇报。

组长在实操进行前对小组成员进行分工；实操进行中协调处理实操过程中的各项问题；实操结束后对实操过程进行总结汇报（可选用PPT汇报、制作视频汇报等多种形式）。实操全部结束后各组选派组员进行实操情况汇报。

评分内容	分数	评分
态度认真，分工合作	20	
实操完成情况	50	
实操创新点	10	
实操总结汇报表述清晰、流畅	20	
总评		

任务三　搭建直播场景

任务描述

晓雯已经了解了电商直播基本内容是如何设置的，她也了解到专业的电商直播还需要一定的配套场地和设备及专业的灯光调试等。直播场地如何规划？专业的直播需要配备哪些设备？直播灯光如何调试？她希望能够学习更多的专业知识，能更好地胜任直播电商相关岗位。

任务分解

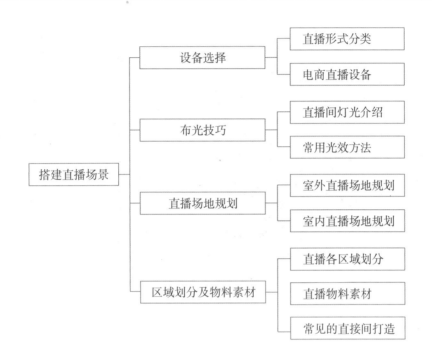

83

活动一　设备选择

晓雯认为选择一套合适的电商直播设备可以让电商直播工作事半功倍。晓雯在线检索各大商城，认真仔细地梳理直播设备选购方案。

直击大赛

在电子商务技能比赛直播赛项中会给参赛选手提供一套补光灯三角架和背景板，需要参赛选手对直播灯光和场景进行简单的布置。

一、直播形式分类

按照直播使用的设备划分，主要采用手机直播、摄像机直播和电脑直播。

摄像机直播具有全场景展现、画面质量高等特点，拍摄稳定，成本高，多用于企业峰会、发布会等大型活动直播。如图3-3-1所示的摄像机直播现场。

电脑直播可以做到画中画直播，可以在直播界面中既展示PPT又展示主播本人，多用于教育直播和培训直播。如图3-3-2所示的电脑直播。

手机直播性价比高，灵活性强，操作步骤简单，易上手，因此是大多数电商直播的最佳选择。如图3-3-3所示的手机直播。

图3-3-1　摄像机直播现场

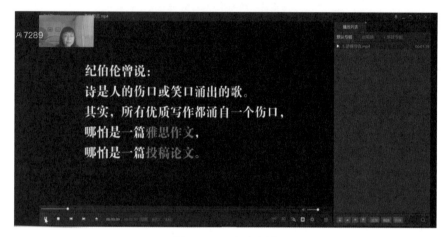

图3-3-2　电脑直播

图3-3-3　手机直播

二、电商直播设备

在电商直播中，有了专业设备，才能把产品更好地展现给用户。除了手机、网络，还需要配备音频硬件、布光设备、隔音设备，以及其他辅助设备。

1. 手机

电商直播时一般需要准备两部手机，一部手机通过下载淘宝、抖音、快手等App，在平台上进行直播；另一部手机通过连接声卡播放伴奏及特殊音效辅助直播。电商直播时对手机的基本要求是像素清晰，运行流畅不卡顿。对商品色彩还原度要求较高的直播要考虑手机色彩还原度的精准性；有夜间拍摄要求的直播还需考虑手机是否带有夜间拍摄模式。为了使直播更加清晰、流畅，最好在稳定的无线网络下进行直播。

2. 手机支架

手机支架的主要作用是保持手机在拍摄过程中的稳定，在直播过程中，我们也可以借助手机支架调整最佳上镜角度。市场上的手机支架一般分为桌面式和落地式，分别如图3-3-4和图3-3-5所示。桌面式又可分为不可折叠款和可折叠款。有的手机支架还自带补光灯，一般的电商直播可以选择自带大尺寸补光灯的手机支架，代替专门的补光灯来满足补光效果，如果直播环境灯光条件不好，也可以再加配灯箱手机支架。手机支架类型的选择取决于直播的实际需求。

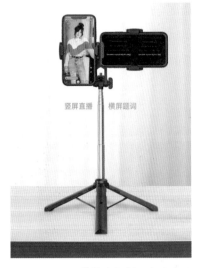

图3-3-4 手机支架   图3-3-5 带补光灯款手机支架

3. 麦克风

麦克风在电商直播中的主要起到增强手机收音效果、降低环境噪音的作用，因此在直播中会使用手机外接麦克风，或使用带有麦克风的耳机。麦克风的种类大致分为动圈麦克风、电容麦克风、铝带麦克风及USB麦克风等，如图3-3-6所示。

动圈麦克风   电容麦克风   铝带麦克风   USB麦克风

图3-3-6 麦克风的分类

不同直播场景适用的麦克风也不同，例如户外直播或现场演唱会应使用动圈麦克风，它的灵敏度低，拾音范围小，不需要电源供电。电商直播一般用电容麦克风，它的灵敏度高、音质清晰，非常适用于录音和室内直播。另外，电容麦克风按照电压分为5V和48V两种，5V电容麦克风使用门槛低，对环境的要求也比较低，可以直接使用电脑声卡和手机声卡，不用再进行额外的供电，一般电商直播会选用这种电容麦克风；48V电容麦克风需要额外提供电源，同时对环境要求较高，需要营造安静环境，一般是用在要求较高的室内直播或者录音棚。

4. 声卡

在电商直播中，声卡可以提供一些伴奏、音效和特效音，让直播间更有气氛，如图3-3-7所示。直播中使用的声卡和专业录音声卡有比较大的区别。

专业录音声卡的功能不仅是记录伴奏，还要记录人声，要求保证录制的音频清晰无杂音；直播用声卡在直播中连接所需播放的伴奏使用。如果直播形式包括手机直播和电脑直播，那么在选用声卡时要购买具有电脑和手机两用功能的声卡。

手机直播时，通常一部手机做直播，一部手机做伴奏导入，中间通过外置声卡的伴奏接口接入。同时声卡可提供一些音效和特效音，让直播间更有气氛。手机与声卡连接如图所示。电脑直播时，麦克风通过无损的卡侬线连接上声卡，然后声卡使用USB线连接电脑就行了，在外置声卡上，我们可以进行调音以达到最佳的音质。如图3-3-8所示。

图3-3 7　声卡

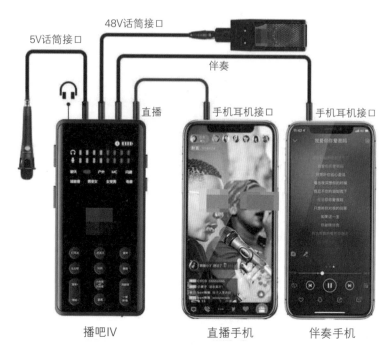

48V话筒接口

5V话筒接口

伴奏

直播

手机耳机接口　　手机耳机接口

播吧IV　　　　　直播手机　　　　伴奏手机

图3-3-8　声卡在电商直播使用时的连接图

　　5. 监听耳机

　　使用监听耳机的目的是在直播过程中获取直播声音，以便及时发现问题，做出调整措施。监听耳机可以监听到最接近实际的音色，它的频率较宽，速度较快，极大程度提高声音的还原度，增强声音的保真性，如图3-3-9所示。

　　6. 补光灯

　　补光灯是直播中不可或缺的"美颜神器"，如图3-3-10所示。补光灯在购买时需要关注

图3-3-9　监听耳机

图3-3-10　补光灯

直播环境灯的条件以及直播距离的远近。如果直播环境灯光比较弱，应选大尺寸的灯，一般用在拍全身或远距离的直播；小尺寸补光灯一般用在拍上半身或桌面近距离的拍摄。在灯光选择方面，可选冷、暖、日光三种颜色，如果对配置要求比较高，可以再加配摄影灯箱和灯泡，如图3-3-11所示。

7. 隔音设备

很多主播对于噪声深有体会，一方面，直播间的粉丝反映主播声音过小，又怕提高音量影响他人；另一方面，直播间粉丝反映主播周围的声音过于嘈杂，影响直播效果。虽然实体墙面和门窗能阻挡噪声，但对于一些娱乐主播而言，可能需要放置音乐和特效，而直播时间又常常在晚上，这就会不可避免地对他人造成影响，如图3-3-12所示。

为加强隔音，通常需要购置隔音设备，如隔音玻璃、隔音板以及隔音门帘等。隔音板具

图3-3-11 摄影灯箱

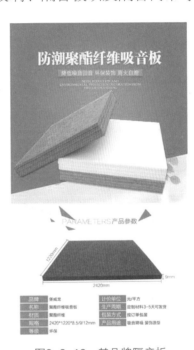

图3-3-12 某品牌隔音板

有独特的吸音、隔热、阻燃、耐高温、质轻等综合性能，价格适中，使用方便。

直播间灯光布置要根据直播间的面积、直播的产品、直播的要求、主播的特点等来综合考虑。在灯光布置的过程中也需要通过多次测试和调试才能完成。在灯光布置过程中可参考出售灯光设备网店的建议布置图。如图3-3-13所示的直播间整体效果图。

图3-3-13直播间整体效果图

直播间的光线布置十分关键，千万不要因为直播间光线问题导致人像立体感不强、物品展示不清楚等现象。晓雯决定开始学习直播间的布光技巧。

直播间灯光介绍

一、直播间灯光介绍

直播间的灯光主要包括主光、辅助光、轮廓光、顶光和背景光等，通过调整光源、光照角度、亮度、色温等参数，不同参数组合会产生不同的灯光效果。

1. 主光

主光通常放置在主播的前面，与镜头光轴形成0～15°夹角，主播面部受光均匀，使主播的脸部凸显柔和，磨皮美白效果很好，主光也存在缺点，由于没有阴影，使整个画面欠缺层次感，看上去较为呆板。如图3-3-14所示。

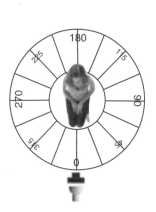

图3-3-14　主光光线方向及效果图

环形灯一般选择用来做主光灯，它可以让主播的脸部以及产品均匀受光，同时起到很好的美白效果，使主播的面部和产品柔和自然。如图3-3-15所示。

图3-3-15　环形灯主光

2. 辅助光（补光灯）

从主播左右侧面呈90°照射的光为辅助光。若打造立体质感，可以从左前方45°照射，让面部轮廓产生阴影；从右后方45°照射的辅助光可以与前侧光产生鲜明对比，能够很好凸显出主播整体造型中的质感和立体感。使用辅助光要避免光线太亮，导致面部过度曝光和部分太暗的情况，因此调节光比十分关键。如图3-3-16所示。

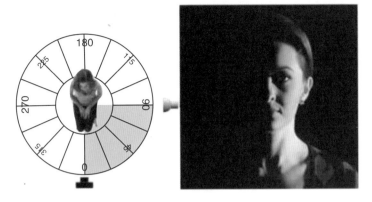

图3-3-16　辅助光光线方向及效果图

补光灯一般选择球形灯，打出来的光足够柔和，主播前侧左右各放一盏，既能补光又能柔光，起到美颜的效果。如图3-3-17所示。

图3-3-17　球形灯

3. 轮廓光

轮廓光通过从主播背后照射出光线，产生逆光，能够突出主播，把主播从直播背景中分离出来。使用轮廓光，要注意把控光线亮度。过亮的光线会造成整个画面主体部分过黑，同时也会造成摄像头进入的光线产生耀光的现象。如图3-3-18所示。

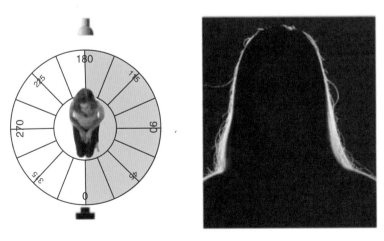

图3-3-17　轮廓光光线方向及效果图

4. 顶光（环境灯）

顶光能够产生深厚的投影感，塑造轮廓造型，达到瘦脸的效果，一般是从主播上方照下来的光线。使用顶光有很多好处，容易在鼻子、眼睛下方形成阴影。设置顶光的位置与主播水平距离不宜超过2米。如图3-3-19所示。

环境灯主要用于直播间照明，调节直播间的亮度，一般采用冷色调的灯光为主的顶灯或者独立的LED灯。如图3-3-20所示。

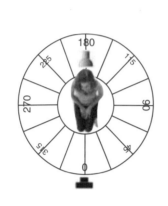

图3-3-19 顶光光线方向及效果图

5. 背景光

主播的灯光造型打造完成后，还需要配置背景光来均衡室内的光线效果，背景光用来装饰背景，烘托直播氛围，让直播间的色彩亮度对比更加立体，背景灯光应采取低光亮多光源的方法布置，通常安装在主播身后的背景墙上，以实现均匀灯光效果。

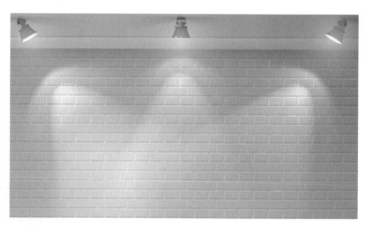

图3-3-20 环境光　　　　　　　　　　　　　图3-3-21 背景光

知识链接

主播直播间灯光布置经验总结

（1）主光灯打向更上镜的一侧脸。

（2）一左一右放置补光灯，辅助灯距离主播要远，最优距离要通过不断调试来实现。

（3）如果要消除眼袋、鼻影，需要在比脸部低的位置设置一个环形补光灯。

（4）使用专业灯具替代自带环境灯，可以实现最优质画面。

二、常用光效方法

直播室灯光是每个直播间必备的直播设备。每个灯光都有自己的优缺点，只有经过耐心调试，才能使各灯光相互配合，实现自己想要的灯光效果。下面提供几种常见的调光方法。

1. 立体轮廓法

立体轮廓法也称伦勃朗布光法，通过采用斜上光源的形式，增加轮廓的立体度。斜上光从主播头顶左右两边45°的斜上方打下，在调试灯光过程中主播眼睛下方出现三角形光斑，突出了鼻子的立体感和脸部骨骼。如图3-3-22所示。

图3-3-22 立体轮廓法光效图

2. 顶光布光法

顶光布光法能够实现主播娇小脸庞的效果，这种方法需要在主播的头顶上方偏靠前位置设置光源，它能够让人的颧骨、鼻子等部位的阴影拉长，从而拉长脸部轮廓达到瘦脸的效果，此方法不适用于脸型较长的人。如图3-3-23所示。

图3-3-23 顶光布光法光效图

3. 顺光照明法

顺光照明用一盏灯或者两盏灯均可以实现：使用一盏灯时，灯应从摄像头的后方略高于它投射向主播，可以采用反光将面部两侧较深的阴影冲淡；使用两盏灯时，一般会使用功率相同并加了柔光纸的灯，在摄像头两侧左右相同的位置以同等距离略高于摄像头的高度把光线投射向主播，这种情况下灯不能太高，防止过深的阴影在脖子及鼻子下方出现。脸型均匀对称、年轻的主播适合使用顺光照明。

4. 侧光照明法

当摄像头镜头与主播主光大约呈90°的方向投射时，就会出现较大面积的阴影，这时候就需要侧光照明的方法来辅助。当主播脸部较胖，脸部左右两侧出现不对称时，就可以使用侧光照明来进行遮挡。

◉ 活动三 直播场地规划

电商类直播场地重在展示商品，直播场地通常分为室内场地和室外场地。除了部分特色食品、生鲜产品宜选择室外直播外，大部分服装、鞋帽、家居等产品均宜选择室内直播。

一、室外直播场地规划

在室外直播场地选择时，原产地直播是最常见的形式，原产地直播一般适用于农产品和生鲜食品。原产地直播能够让顾客直接了解商品原产地的情况，增加顾客的感官体验，同时增加顾客对商品的可信度，有利于实现成交。在室外直播场地的规划选择时应注意，场地选择应与直播内容相契合。与室内直播相比，室外直播场地虽然不需要过多装饰，但户外直播的选景也有讲究，选择与直播内容相契合的场景，才能对直播起到积极作用。

二、室内直播场地规划

（一）室内直播场地选择

1. 以门店作为直播场地直播

可以选用自家门店作为直播场地，除了能够销售商品外，直播还能对门店进行一番推广，让顾客对线下店铺产生兴趣，引导顾客到门店进行商品购买。线下门店的存在也会加深顾客对产品的信任度。

2. 以仓库作为直播场地进行直播

仓库直播能够向顾客展示商家强大的产品供应能力，同时整洁美观的仓库也会给顾客带来良好的视觉感，从而提高顾客对产品的兴趣度。

3. 以直播间作为直播场地进行直播

主题直播通过直播室进行打造是一种很好的方式。为了让观众更有身临其境的感觉，主播可以根据本次直播内容量身搭建与之匹配的直播间。这种方式如果要实现较好的场景搭建，成本在几种方式中也是最高的，因此适合稍大型直播。

直播室场地面积控制在5～20平方米较为适宜，具体大小根据产品特点来确定。例如，直播美妆产品的镜头一般停留在1～2人的脸部，5平方米的直播场地足够了；如果是服装产品的直播，镜头需由近到远地展示各类产品及模特穿搭效果，需要15平方米左右的场地。主播在选择直播场地时，回音效果和隔音效果需要提前进行评估，保证直播期间的语音正常输出。

（二）直播间布景

直播间的布置多种多样，比如淡雅清新、雍容华贵、简约简单、严肃正式等，团队应根据直播内容来确定具体的布置方向。

（1）背景墙。浅色系和灰色系最适合做直播间的背景墙。灰色系大方简洁，具有视觉舒适、不易曝光的特点，在服装、美妆直播时使用有利于突出产品的本色。如图3-3-24所示。

图3-3-24　直播间场景

对于带货的朋友来说，直播间的地面也要特别处理，颜色上应尽可能选择浅色的地毯或者地板。有条件的直播间，还可以设置吸音毯来降低直播中产生的混响，这一措施在无论在美食、服饰还是在珠宝、美妆直播中都能派上用场并产生很好的效果。

（2）如果确需考虑直播间成本控制，购买虚拟背景墙是个不错的选择。背景墙布可以降低布置成本，现在市场上有很多虚拟背景可以逼真呈现实体效果，例如3D立体背景，背景上印刷上书橱，即使家中没有书橱，感觉也像是有真的书橱一样。背景墙在定制时可以加入主播特有元素：一是避免与其他直播间背景重复，二是可以起到很好的宣传作用。

（3）直播间的陈列摆放要井然有序。如果直播间摆放的是陈列货架，服装类的直播间内可以放置整齐的衣柜或者衣架，同时上面展示的衣服要分类整齐摆放，美妆类、图书类直播间同样也可以摆放陈列货架，例如口红陈列架、书架等。如图3-3-25所示。

图3-3-25　图书类直播间陈列

（4）在直播间树立起独有的辨识标志。主播在直播时，如果将有利于粉丝记忆的信息加入直播间装饰中，既不显得刻意又容易引起注意。例如，将直播间二维码或直播间名称打印在镜头前的摆件上，即使不刻意提醒也能被粉丝们注意到。

活动四　区域划分及物料素材

上一阶段晓雯完成了直播间场地的布置，并且配置了直播设备，接下来晓雯要思考如何在直播场地内划分好直播的各种区域并配备好直播常用的物料素材。

一、直播各区域划分

根据直播所需各功能区将直播区域划分为直播准备区、直播区和直播辅助区。

（一）直播准备区

直播准备区就是为正式直播进行各种准备的区域，一般主要包含直播设备（含各种灯光）的放置区、直播货品准备区和其他直播所需道具放置区等。

1. 直播设备放置区

一般情况下，隔音设备、补光灯、麦克风、声卡、手机、手机支架、监听耳机会放置在直播设备放置区。提前布局好直播设备的位置，将设备调试到最佳工作状态，确保直播顺利进行。

2. 直播货品准备区

直播货品准备区是在正式启动直播活动前，将直播所用货品整理准备的区域。以图书直播为例，在直播开始前，主播需要提前把用于直播的图书整理好挂在准备区的书架上，如图3-3-26所示。主播需要提前熟悉今天要展示的商品，研究哪些图书可以搭配成套销售，这样就可以在直播时精准推送，提高带货效率。

3. 其他直播所需道具放置区

在不同的直播中除了常规使用的一些设备外，可能会根据直播商品或直播需求不同而配备一些直播道具。例如，衣服直播时会用到穿衣镜、换衣区，还有些无电子屏的直播需要用到小黑板。

（二）直播区

直播区是直播间的主区域，主要负责完成直播，包含主播位置区、陈列区等。

1. 主播位置区

主播位置区即主播在直播时的展示区，直播过程中主播一定要在顾客的视野范围内，让顾客感受到主播是直播的核心。主播站立位置要和镜头之间保持恰当的距离，将主播与镜头距离调整好之后，直播设备就不能再随便挪动，并且应保证尽量不要出现在观众视野里。并且要注意直播过程中的字幕、弹框等信息

图3-3-26　图书类直播货品准备区

图3-3-27　直播商品陈列图

的位置，避免对主播造成遮挡。

另外，对于例如服饰类直播需要对主播的走位进行设置。主播走位设置，是指主播在直播过程中活动区域在哪里，活动路线怎么规划；特别是服装产品，需进行全方位展示，如何设置走位显得尤为重要。例如，服装类产品的直播间，主播需要试穿某款衣服帮助顾客了解穿上该衣服后正面、侧面、背面的效果，这就需要主播在直播间里进行走动。由于直播间狭小，镜头又往往是固定的，主播很容易不小心走出镜头范围。所以，应提前设置主播走位并调试镜头，保证主播能全面展示产品。

2. 陈列区

陈列区是在商品直播过程中，陈列直播商品或直播相关产品的区域。商品及相关商品的陈列可以从侧面显示出主播的专业性，也可以从密密麻麻的陈列中显出销售方的销售规模，引起观看人员的购买欲。如图3-3-27所示。

（三）直播辅助区

直播辅助区是在直播过程中用于辅助直播的区域，是除主播以外的其他工作人员的工作区域。

有一定规模的直播，直播间除了主播之外，还要有其他人员配合主播，根据直播进度修改价格、推送链接、解答疑惑等。直播间里的其他工作人员一般包含导播、中控、销售客服等。导播作为主播的现场助理出现，可以帮助主播拿资料和物品，提醒主播控制时间和节奏；中控是电脑前掌控直播间的人员，能够推送优惠信息、直播产品和与顾客互动；销售客服在直播中及时联系有购买意向的顾客下单，促成交易，解答顾客问题。除了主播之外，这部分工作人员一般在直播时不会出镜，在直播间里要为这些人员设置合适的工作区域，准备好办公用品，便于高效工作。

二、直播物料素材

主播在直播时还可以使用一些小道具，提升直播间的良好氛围，同时使产品的讲解更清晰、直观，提高观众的下单率。

1. 直播相关样品及配套道具

直播样品的准备是在进行直播间物料准备时的一个非常重要方面。在准备直播样品时需考虑直播间样品选定类型、样品选定数量、样品摆放方式及样品配套道具。样品有序的摆放可以快速地吸引进入直播间的观众注意力，合理的样品道具配备可以给直播的顺利进行增色。例如展示水果时可能需要用到刀具，展示糕点时可能需要餐盘叉子等道具。

2. 产品/活动介绍板

产品/活动介绍板是主播在介绍产品时，对产品进行动态的播放，方便直播间的观众随时了解福利和活动等，内容可以是直播优惠信息、福利礼品等。在直播过程中，主播介绍是基于产品本身，但电子板播放广告或者宣传片时打造的场景，能帮助唤醒用户线下消费的记忆，促成成交。目前常见的产品介绍板有可以实时更换内容的电子板、纸质产品介绍板及小黑板。

（1）小黑板

小黑板在直播带货过程中能发挥很大作用，它可以让顾客直接获取产品的核心卖点、当天优惠等信息，从而大幅降低主播、客服人员与顾客沟通的次数，提高直播带货效率。

例如服装类直播，小黑板上可以写上主播的身高、腰围、体重的信息供顾客参考，也可以写上优惠力度等需要顾客特别注意的信息。如果是彩妆类产品，小黑板可以写上当前口红的热销色号，以及不同色号的口红适宜的肤色等信息。

（2）提词器

如果主播的直播场次多，直播带货内容也不相同，那么主播很难完全记住大篇幅的文案，这时候可以使用提词器解决上述问题，提词器主要分为硬件提词器和提词软件。

硬件提词器。硬件提词器的提词板通过光的反射把文案反射到主播能看到的一面镜子上，这样观众看到的就是主播一直注视镜头的自然效果。硬件提词器一般需要单反、提词器、三脚架配合使用，操作上步骤较多，一般情况下适合于专业团队分工协作。如图3-3-28所示。

提词软件。提词软件能够提供一个悬浮的提词界面，在提词悬浮框里面输入文案。它可以放置在拍摄界面内，达到硬件提词器的一边拍一边提词的效果。

3. 计算器

有经验的主播在直播带货的时候，如果遇到赠品或者优惠特别多，就会拿出计算器操作，同时顺带还要说"大家仔细看好了，我来给大家算一下，看看今天在我的直播间里下单会有多么优惠"。计算器在选择时，屏幕和按键一定要大，同时操作时要带有声音，通过计算器按键声给消费者心理暗示，促成消费者尽快下单。如图3-3-29所示。

图3-3-28　硬件提词器　　　　　　　　图3-3-28　计算器

图3-3-29 秒表

4. 秒表

秒表在直播间十分有用，但常常容易被忽略。恰到好处运用秒表，可以给观众制造出一种紧迫氛围，督促买家尽快下单。如图3-3-30所示。

除了上述所讲的通用素材外，不同商品也会采用一些相应的物料素材配合直播使用。

三、常见的直播间打造

1. 服装类直播间打造

服装类直播间因为需要主播进行试穿展示，所以服装类直播间一般要在15平米以上，背景可按照使用场景来打造，衣架或衣柜需要出现在画面中，建议衣架要挂满直播所要销售的服饰，并可用假人衣架放置主打商品。总之要让用户进入直播间后，有一种进入商场挑衣服的感觉，增强代入感和购买欲望。如图3-3-31所示。

2. 美妆类直播间打造

美妆类直播间一般都是取近景，所以在搭建直播间的时候面积10平米左右即可。最基本的是美妆专用的直播桌，桌上根据排款摆放当天的主打产品，一方面方便直播时拿取，另外也是彰显产品的丰富性和专业性。背景可以是货品货架，也可以是有艺术性的展示墙、背景纸或窗帘都可。产品摆放一定要整齐、有层次的陈列当天的一些产品。如图3-3-32所示。

图3-3-31 服饰类直播间

图3-3-32 美妆类直播间

3. 农产品直播间打造

农产品直播最好就地取景，打造真实的原产地场景，直播间设在地头、果园，新鲜取材直播。但容易受到环境、天气、网络等等影响。室内直播场地的大小要根据直播的内容进行调整，大致控制在8到20平方米左右，可以选择家中的一个房间或者自己的线下门店。也可以同步打造一个室内直播间，背景展示整洁干净、原生态、能体现地方特色的直播间会增强"种草"效果，激发购买愿望。如图3-3-33所示。

图3-3-33　农产品直播间

团队实训

直播场景搭建实操

【任务说明】

铜陵——中国古铜都，是中国青铜文化的发源地之一。追其历史，早在商周时期就已创造出了无比璀璨的铜文化。铜陵先后发掘了近百处矿冶遗址，漫长的历史中，留下了李白、王安石、苏轼等历代名人他们游览记载。本次任务需要团队协作完成铜工艺品直播场景搭建实操的全流程。

【任务目标】

直播场景搭建包含选定直播场地及设备、对场地进行合理规划、直播灯光调配、直播区域划分及直播相关辅助素材配备。本次任务需要团队协作完成直播场景搭建实操的全流程，实操完成后将实操情况总结汇报。

【组织形式】

4~8人为一个学习小组，以小组为单位商讨此次直播场景搭建方案。

【主要内容】

（1）对直播场景搭建任务进行分解并在组内进行分工。

（2）小组商讨制定直播场景搭建方案。

（3）分工协作完成直播场景搭建实操。

（4）小组讨论提出改进方案。

（5）组长对小组实操情况进行简要分析介绍，形成实操总结汇报。

组长在实操进行前对小组成员进行分工，实操进行中协调处理实操过程中的各项问题，实操结束后对实操过程进行总结汇报（可选用PPT汇报、制作视频汇报等多种形式）。

评分内容	分数	评分
态度认真，分工合作	20	
实操完成情况	50	

实操创新点	10	
实操总结汇报表述清晰、流畅	20	
总评		

项目总结

通过对本项目的学习，晓雯了解了商品选品标准和技巧，并学会设计商品直播的基本内容，能够对直播场景进行基本的搭建，并在实操过程中不断锻炼自己的专业技能，培养自己的团队合作意识。

综合评价

评价项目	评价内容	评价标准	评价方式		
			小组自评	小组互评	教师评价
职业素养	安全意识、责任意识	A. 作风严谨、自觉遵章守纪、出色完成实操任务 B. 能够遵守规章制度、较好完成实操任务 C. 遵守规章制度、未完成实操任务 D. 不遵守规章制度、未完成实操任务			
职业素养	学习态度	A. 积极参与教学活动、全勤 B. 缺勤达本任务总学时的10% C. 缺勤达本任务总学时的20% D. 缺勤达本任务总学时的30%			
	团队合作意识	A. 与同学协作融洽、团队合作意识强 B. 与同学能沟通、分工、协调工作能力较强 C. 与同学能沟通、分工、协调工作能力一般 D. 与同学沟通困难、分工、协调工作能力较差			
专业能力	合理选品	A. 学习活动评价成绩为90～100分 B. 学习活动评价成绩为75～89分 C. 学习活动评价成绩为60～74分 D. 学习活动评价成绩为0～59分			
	直播内容设计	A. 学习活动评价成绩为90～100分 B. 学习活动评价成绩为75～89分 C. 学习活动评价成绩为60～74分 D. 学习活动评价成绩为0～59分			
	直播场景搭建	A. 学习活动评价成绩为90～100分 B. 学习活动评价成绩为75～89分 C. 学习活动评价成绩为60～74分 D. 学习活动评价成绩为0～59分			

评价项目	评价内容	评价标准	评价方式		
			小组自评	小组互评	教师评价
专业能力	实训任务测评	A. 按时完成实训操作与任务测评，实操总结汇报表述清晰、流畅 B. 按时完成实训操作与任务测评，实操总结汇报表述基本清晰、流畅 C. 未能按时完成实训操作与任务测评，实操总结汇报表述错误较多 D. 未完成实训操作与任务测评，无实操总结汇报			
创新能力		学习过程中提出具有创新性、可行性建议	加分奖励		
学生姓名		综合评价等级			
指导老师		日期			

▌▌项目实训

一、单选题

1. 商品详情页设计要规避的雷点不包括（　　）。

A. 图片太清晰　　　　　　　　　　　　B. 内容杂乱

C. 相关推荐不宜过多　　　　　　　　　D. 图片太模糊

2. 商品详情页设计遵循的原则不包括（　　）。

A. 搞笑　　　　　B. 实用　　　　　C. 美观　　　　　D. 直观

3. 以下哪项不属于直播优惠机制常用方案。（　　）

A. 产品买一送一　　B. 满赠活动　　　C. 引导转化　　　D. 发放产品优惠券

4. 电商直播一般采用（　　）。

A. 动圈麦克风　　B. 电容麦克风　　C. 铝带麦克风　　D. USB麦克风

5. 主光灯一般选择（　　）的灯光，可以使主播的脸部和产品受光均匀。

A. 环形灯　　　　B. 球形灯　　　　C. LED灯　　　　D. 灯箱

二、多选题

1. 从供应市场的需求方角度，以下哪些产品属于销量稳定型商品，更能促成交易。（　　）

A. 生活必需品　　　　　　　　　　　B. 品牌产品

C. 有故事背景型　　　　　　　　　　D. 具有稳定性消费人群型

2. 直播封面设计技巧包括（　　）。

A. 主播出镜　　　B. 文字简洁　　　C. 画面清晰　　　D. 文案打磨

3. 单品解说脚本就是针对单个产品、单个商品设计的脚本，它包括（　　）。

A. 产品卖点和利益点　　　　　　　　B. 视觉化的表达设计

C. 品牌介绍　　　　　　　　　　　　D. 引导转化

4. 我们根据直播所需各功能区将直播区域划分为（　　　）。

A. 直播准备区　　　　B. 直播区　　　　C. 设备区　　　　D. 直播辅助区

5. 适合室内电商直播的商品有（　　　）。

A. 生鲜产品　　　　B. 服装　　　　C. 鞋帽　　　　D. 家居

三、判断题

1. 货品类别可选时，有颜值、有用、有趣，三者至少择其二。（　　　）

2. 制作痛点型标题时要找到痛点，提出解决方案，"跌破底价！走过路过不要错过！"属于痛点型标题。（　　　）

3. 淘系直播封面的具体要求和规范中规定直播封面中不可以加标题，不可以用拼接出来的封面。（　　　）

4. 补光灯是直播过程中不可或缺的美颜神器，补光灯在选择时一是看直播环境灯的条件，二是看直播的远近。（　　　）

5. 如果主播脸型比较胖，脸围左右两侧不对称，可用侧光照明将较胖的面颊得以遮掩，有利于将主播外貌表现得更完美。（　　　）

四、简答题

1. 结合自身情况，晓雯打算在网上进行文艺风学生夏季连衣裙直播实操，她该如何完成选品方案的制定，并进行选品实操？

2. 除课本中提到的直播常用物料素材外，还有哪些好用的物料素材？请与大家分享交流。

五、实训题

1. 结合学校实训设备，思考并布置一个简易的农产品电商直播室。

2. 任意选定商品，策划一个直播脚本。

3. 学校拟协助贫困山区进行农产品直播销售，请为其设计一款直播封面，思考这场活动的直播方案并分享、介绍设计理念。

4. 完成直播设备的连接，模拟直播实操，思考还有哪些地方需要完善？

5. 完成一场直播的灯光布置，确保主播上镜效果。

项目4 开展电商直播

项目概述

晓雯在暑假期间找到了一份电商直播的兼职工作，起初晓雯觉得直播很简单，只需要口才好、会说话。但是在工作中晓雯发现一场直播的筹备、场景搭建、主播定位、直播产品介绍等都需要专业知识支撑，戳中顾客痛点、满足顾客需求、提高直播转化率都需要掌握直播话术和营销策略。是否学习电商直播营销知识、是否掌握如何开展电商直播，是决定直播数据好坏的关键。

知识目标

1. 了解电商网络主播的定义、类型、体态语言以及妆发和衣着禁忌。

2. 理解直播营销产品的讲解原则及促销策略。

3. 熟悉直播话术技巧以及直播营销的粉丝互动技巧。

4. 了解直播营销的禁忌和危机管理。

技能目标

1. 学会对电商主播进行包装，并掌握电商主播的体态言语以及妆发、衣着的要求。

2. 掌握直播产品讲解的主要环节，理解并运用直播产品讲解的原则和直播促销技巧；能够通过直播产品讲解和促销技巧实例分辨具体直播情景，培养对直播产品讲解的分析能力和判断能力。

3. 掌握新人直播技巧、常用话术、直播营销互动原则，并学会处理直播中的突发情况。

4. 在掌握电商直播知识的基础上，能够以小组为单位开展一场完整的电商带货直播活动。

素养目标

1. 树立全民直播意识，学会正确的直播妆发和礼仪、产品讲解技巧和话术，提高在进行电商直播时的危机处理能力。

2. 通过理论和实操相结合，增加对电商直播的学习兴趣，进一步培养语言表达能力和团队协作能力。

任务描述

晓雯去一家自媒体公司实习做主播，作为新人主播，她没有任何实战经验，只有之前学习的直播相关理论知识。公司对新入职的员工进行岗前培训，主要培训内容有电商主播的定位和包装、电商主播的体态语言、电商主播的妆发及衣着等，在本任务中，晓雯将学习如何把自己打造成为一位有魅力的主播。

任务分解

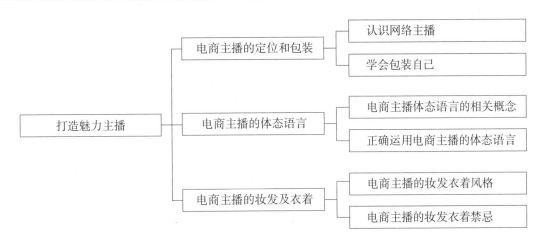

活动一　电商主播的定位和包装

电商公司要求晓雯在直播前对自己进行定位，然后可以为晓雯进行包装。因此，晓雯需要学习有关电商主播定位和包装的相关知识。

一、认识网络主播

（一）网络主播的定义

网络主播是通过网络视频直播的形式，展示自己的特长并与观众互动，从而获得平台用户的支持的一种新型职业。

（二）网络主播的类型

网络主播按照其直播内容可以分为娱乐主播、游戏主播、电商主播和其他类型主播。

1. 娱乐主播

娱乐主播最原始、最常见的一种主播类型，主播通常具有一定的才艺，比如唱歌、跳舞、说唱等，且形象比较好，能够很好地和游客用户互动。娱乐主播根据其直播内容又可以分为才艺主播、记录生活类主播、教程类主播等。

2. 游戏主播

游戏主播是通过玩游戏（以网络游戏为主）吸引用户观看，并获得收入的一种主播类型。市面上有较多在线游戏直播平台，如YY语音、斗鱼、QT语音、风云直播、腾讯直播等。游戏主播首先需要配置一台高端电脑，否则会影响直播效果，其次必须有一款自己非常擅长的游戏，这样才能吸引更多用户观众。

3. 电商主播

电商主播是通过直播带货吸引用户观看并购买，从而获得收入的一种主播类型。电商主播需要根据具体行为承担相应的责任，比如消费者买到假货，电商主播也要承担相应的责任。

4. 其他类型主播

除了以上直播类型外，还有一些小众的、有固定人群观看的直播，例如情感咨询类直播等，这些主播主要针对固定人群而开展直播活动。

二、学会包装自己

由于直播观众的流动性大，因此电商主播需要花心思去留住观众、带动直播间人气，从而卖出商品。而电商主播如何留住观众，则需要他们把自己包装成能够满足观众喜好和需求的形象，从而获得人气和流量。

电商主播的包装指在仪容仪表、语言风格、知识储备等多方面对主播进行定位和改造。电商主播的形象以及说话时语言、语气的状态可以直接影响观众的第一印象，第一印象的好坏直接影响观众是否决定留下来观看直播。因此，电商主播首先需要学会正确包装自己。

（一）具体步骤

1. 仪容仪表的包装

电商主播需要根据直播的内容和受众群体来确定自己的妆容及着装风格，例如，卖白酒的直播因为受众多是中年男性，因此主播多为成熟知性风格；卖婴儿用品的直播因为用户多是宝妈，因此主播更适宜亲切温柔风格。电商主播可以通过学习其他同类型主播的仪容仪表，再根据自己所售产品进行模仿和改变，形成与所售产品和谐统一且能体现个人特点的风格，从而吸引观众并增强粉丝黏性。

2. 语言风格的包装

电商主播需要找到自己的语言特点并进行强化，从而形成自己的说话风格和节奏来吸引观众留在直播间。这需要电商主播从自身特点出发，找到适合产品及受众的语言风格，形成鲜明的特点。

3. 知识储备的包装

电商主播需要对自己直播的内容和产品非常熟悉和了解，并且能够及时面对观众的提问和处理直播过程中的突发情况。这就需要主播深入了解直播产品的各方面信息及相关知识，增强自身的专业程度，在介绍产品时才能更有说服力。主播还应该坚持阅读和练习，让自己慢慢变得有内涵，情商得到提升，从而获得更多忠实粉丝。

（二）包装自己的禁忌

1. 仪容仪表包装的禁忌

电商主播切记不能只按照自己的喜好来进行仪容仪表的包装。电商主播直播的目的是销售商品，因此吸引观众是非常重要的。但吸引观众并不是一味地按照观众的喜好去包装，是需要在了解观众喜好的基础上，根据个人特点及品牌风格形成具有个人特色的风格，这样才能给观众带来更好的观看体验，从而提高主播人气。

2. 语言风格包装的禁忌

电商主播切记不能完全模仿别人的语言或者为了达到某种目的而强行改变自己的语言风格。这样的模仿和过于改变反而会让观众产生审美疲劳，没有后续的购买需求。主播应该挖掘自己本身的语言风格特点，在此基础上融合观众喜好和品牌风格，探索更适合的语言风格。

3. 知识储备包装的禁忌

虽然电商主播需要储备一些关于产品的专业知识，但是在直播中主播切记不能一味地展示自己的知识储备而忽视观众的需求。另外，电商主播需要注意自己的讲解要具有科学性且经过考证，不能有与事实不符的表达，从而影响自己的信誉。

电商主播包装自己和提高其他能力一样，是一个需要不断努力和改进，从而提高和成长的过程。

【想一想】

假设晓雯是一个相貌漂亮、性格开朗、喜爱与人打交道并且对于时尚有自己的理解的人，请尝试对晓雯进行包装，选择适合晓雯的人设，要说明晓雯适合的主播类型。

105

活动二　电商主播的体态语言

电商主播的体态语言

晓雯虽然已经对自己有了明确的定位，但是还是不知道如何在镜头前展示自己。关于电商主播的体态语言，晓雯有许多困惑需要去解答。

一、电商主播体态语言的相关概念

电商主播需要传达信息、表达感情，不仅要运用口头语言，还要运用主播的主体形象和体态语言。电商主播的工作，从本质上说是与受众之间的一种审美对话。优美而富有个性的主播形象和得体而富有表现力的体态语言，能增加受众的好感、增强受众的信任感，也能帮助观众更好地理解主播所要表达的内容，给观众提供了一种良好的体验。

（一）电商主播的体态语言含义

电商主播的体态语言，是一种以主播的面部表情、身体动作、空间距离及服饰等为手段向观众传播信息、交流感情的无声语言，又称副语言。体态语言是一个人内在思维、内在情感的外部显现，它所显示的意义往往比口头语言更为丰富和真实，甚至更重要。比如当一个人说话时，眼神、表情、手势、身姿透露出"令人怀疑"的细微信息，别人可能会从体态语言怀疑其口头语言表述的真实性。当然如果用得适当，它将增强口头语言的表达效果，或弥补口头语言表达的不足。

（二）电商主播的体态语言的功能

1. 改善外在气质

气质是一个人内在修养的外化。它经常体现在人的眼神、面部表情、举手投足等方面。电商主播是品牌的代言人，主播在直播中的一言一行不仅代表本人，还代表品牌和产品，所以电商主播必须有气质、有修养，举止大方文雅，气质要与品牌相符。

2. 增强表达效果

体态动作具有一定的词汇意义和表意功能。在现实生活中，某一动作所表示的某种词汇含义或感情色彩，都是约定俗成的。体态语言的表达要想做到准确，必须与口语表达相一致。如果"言行不一"，观众就会不知所云。运用体态语言要符合时代特征和不同国家民族的习惯，一些主播盲目学习西方的体态语言，如耸肩、缩脖、摊手等，这与我国观众的欣赏心理及审美标准不符。

3. 传递审美愉悦

在一场直播中，主播作为主体应该让受众获得美的享受。主播的体态语言既要能表情达意，又要具有审美价值。有些主播手势频繁，动作单调重复，令人眼花缭乱，无形中分散了观众对内容的注意，影响直播带货的效果；还有些主播的姿态僵硬、呆板，不仅吸引不了观众，还会引起观众的反感。主播的体态语言应该舒展大方，恰如其分，使观众赏心悦目。

（三）电商主播的体态语言与舞台演员形体语言的区别

电商主播的体态语言应来源于生活，高于生活，又还原于生活，既区别于生活中的"原生态"体态语言，又区别于舞台艺术形体语言中过度夸张的"角色化"体态语言。主播的一言一行要求真实自然，充分体现主播个人的气质和魅力，不能表演和模仿。尽管不同的直播对主播的体态语言的要求有所区别，但主播作为一个现实的人，不论直播什么样的活动，真诚平易、独特自然的一面，是不能改变的。

？【想一想】

电商主播的体态语言具体可以分为哪几个方面？

二、正确运用电商主播的体态语言

（一）电商主播的姿势

电商主播通过网络直播展示自己的产品，这就需要主播在直播时有一个较好的姿势。如果姿势不正确会造成紧张、失误等。而正确的姿势又可以根据直播内容进行如下分类和要求。

1. 坐姿直播的要求

坐姿直播要求主播坐如钟，头背一线，双脚自然垂直，不要耸肩。在直播时首先要做到抬头挺胸，不能含胸驼背。坐姿要端正，给观众留下好印象，同时可以适当地运用一些手势，但是手势必须要干净利落，不能拖拖拉拉、畏畏缩缩，否则会给观众一种不自信的感觉，如图4-1-1所示。

2. 站姿直播的要求

站姿直播要求主播端正站姿，抬头挺胸，双手自然垂直，可以适当在直播间进行走动，同时可以在走动时对产品进行全方位展示，让观众对销售的产品有更直观的感受，从而促进观众购买以及增加直播间人气，如图4-1-2所示。

图4-1-1　坐姿直播的正确状态　　　　　图4-1-2　站姿直播的正确状态

（二）电商主播的表情

电商主播不仅要拥有良好的体态，还需要在表情管理上下功夫。观众看直播时追求轻松和愉悦，因此多以积极的表情展示给观众。正确、适当的表情可以提升主播的表现力，对产品讲解也起到辅助作用，主播的表情管理需要注意以下两点。

1. 保持微笑

电商主播在直播的时候应该始终保持微笑，给观众带来一种正能量、开心、从容的印象。即使看到直播间的差评或直播出现小问题，尽量从容不迫，保持微笑，展现阳光、自信的形象。保持微笑是主播必须掌握的表情之一。

2. 保持幽默

电商主播如果在直播的时候一直微笑，也会让观众觉得没有新鲜感。因此需要主播在直播的时候适当加入一些夸张的表情来吸引观众。适当的夸张的表情会让直播气氛变得更幽默、轻松。

（三）电商主播的声音

电商主播不仅要拥有良好的体态，学会运用自己的表情，还需要进行声音管理。声音不单指音色，更多的是指主播的普通话水平、气息、语速等。

1. 说话的要求

一是发音正确，吐字清晰。主播必须用标准的普通话直播，特别要注意多音多义字。二是语速适当，用心感受。要抓住观众心理，使节奏流利和谐，缓急结合。三是语调生动，轻重适宜。根据直播需要，分出轻重缓急，分清抑扬顿挫，表达出主播的思想感情。

2. 气息控制的训练

电商主播需要学习气息控制并且加以训练。气息控制包括两方面的内容，一是学会停顿，停顿更是为了充分表达主播的思想情感；二是学会读重音，即在词和语句中读得比较重，扩大音域或延长声音，可突出说话的重点，表达自己的感情。

除了学习气息控制，电商主播还需要对自己的气息控制加以训练。训练的第一点就是训练换气，例如可以依照感情的变化采取不同的用气方法来使得直播间气氛更加热烈；第二点是训练补气，可以通过朗读短小精悍的诗歌、绕口令、散文等进行训练；第三点是训练口唇的紧张，在直播之前做一些口唇练习。

3. 打造有魅力的声音

美妙的声音需要正确的呼吸，因此电商主播对呼吸的训练必不可少。呼吸训练首先要练习远近距离感，这个练习对于直播中的对话很有帮助，可以使得电商主播在直播时能有对象感。其次，要有一定的呼吸储量，要口鼻共同呼吸，同时也要用气息支撑，即要用丹田呼吸，将两肋打开，小腹收紧，肚皮始终是硬的。另外，如果电商主播鼻音前后不分、平翘舌音不分也一定要加以练习。

活动三　电商主播的妆发及衣着

电商主播除了要练习正确的姿势、表情、声音，还需要注重造型，即直播时的妆发和衣着，根据不同的直播内容妆发和衣着也有一定的要求和标准。

一、电商主播的妆发衣着风格

电商主播在直播时必须做到妆发干净、整洁，衣着得体、大方。针对不同的产品，电商主播的妆发和衣着可以有所不同。例如，销售白酒时，观众多为中年男性，因此需要主播在妆发和衣着风格上偏向成熟，妆容大气精致。销售儿童产品时，观众多为宝妈，因此需要主播在妆发和衣着风格上偏向居家，妆容简洁大方，不用过分修饰。销售电子产品时，观众多为年轻人，因此需要主播在妆发和衣着风格上偏向潮流，妆发可以稍夸张，充满未来感和科技感。销售美妆类产品时，观众多为女性，因此需要主播在妆发上偏亲和，可以素颜出镜，方便展示美妆产品的效果，让观众更直观地感受到妆前妆后的效果。销售服装类产品时，可根据所售时装的风格改变妆容，使妆容与服装和谐统一。电商主播的妆发和衣着在直播中起着非常重要的作用，一定要根据销售的产品类别进行相应调整。

二、电商主播的妆发衣着禁忌

1. 电商主播的妆发禁忌

（1）避免妆发邋遢、不修边幅，应该整洁、干净、大方。

（2）避免用同一套妆发进行每一场直播，应根据不同的直播内容进行相应调整。

（3）避免妆发单独存在，应与衣着相适应。

（4）避免妆发盲目模仿别人，应突出展现自身的特点和优势。

（5）避免妆发过于轻薄，直播要开美颜，因此需要妆发更加突出一些。

（6）避免妆发过于夸张或带有攻击性。

正确的直播妆发如图4-1-3所示。

2. 电商主播的衣着禁忌

（1）避免衣着脏乱，应干净、整洁。

（2）避免用同一套衣着进行每一场直播，应根据不同的直播内容进行相应调整。

（3）避免衣着过于暴露，需要衣着得体。

（4）避免衣着与妆发格格不入，衣着应与妆发相匹配。

（5）避免衣着盲目模仿别人，应突出展现自身的特点和优势。

（6）避免衣着过于夸张，要让观众感到舒适得体。

正确的直播衣着如图4-1-4所示。

图4-1-3 正确的直播妆发

图4-1-4 正确的直播衣着

实操任务说明

彦祖文化是一家全域品牌代运营服务商，拥有独立投放、内容、整合营销团队，可为客户提供完善优质的营销方案。从2020年3月开启抖音直播，到全情投入DP服务商身份，成为整合营销服务专家型企业，再到2021年业务板块扩充到综合代理商&千川服务商&云图数据服务商，主要带直播产品有，工艺品（除象牙及其制品）、文化用品、体育用品、计算机、软件及辅助设备、机械设备、通讯设备、母婴用品、服装服饰、办公用品、日用百货等。

彦祖文化成立于2018年，多次蝉联抖音品牌服务商母婴行业第一名，全网粉丝5000万+覆盖，100亿+曝光量覆盖。

2020年7月获得拉芳品观华熙投资基金Pre-A轮数千万人民币融资。

2020年11月成为了抖音官方认证的品牌服务商。

2021年8月成为首批一星级巨量千川服务商及全行业KOL采买星图服务商。如图4-1-5所示。

（资料来源：百度百科公司官方介绍）

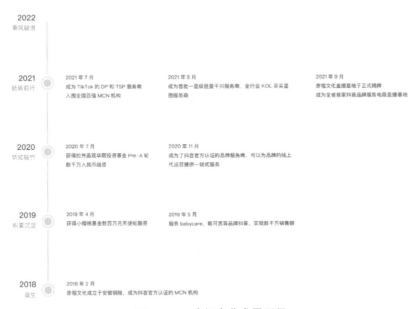

图4-1-5 彦祖文化发展历程

任务分析

校企合作企业彦祖文化传媒有限公司能够发展迅速，离不开一场场高质量的直播，一场直播的筹备、场景搭建、主播定位、直播产品介绍等都需要专业知识支撑，戳中顾客痛点、满足顾客需求、提高直播转化率都需要掌握直播话术和营销策略。是否学习电商直播营销知识、是否掌握如何开展电商直播，是决定直播数据好坏的关键，基于以上要求发布任务请学生完成直播任务。

任务说明

具体的任务说明如表4-1-1所示。

表4-1-1　任务说明

工作任务	知识目标	能力目标	操作流程
任务一 主播形象打造	1. 了解电商网络主播的体态语言； 2. 理解电商网络主播的妆发和衣着要求。	1. 学会对电商主播进行包装； 2. 掌握电商主播的体态语言以及妆发、衣着的要求。	1. 给自己取网名并设计一句话简介； 2. 按照直播主题设计相对应的妆发和衣着； 3. 进行直播展示，进行考核和点评。
任务二 直播流程话术撰写	1. 理解直播脚本的重要性； 2. 熟悉直播话术的技巧。	1. 掌握新人直播常用话术； 2. 能够直接编写直播脚本初稿。	1. 根据直播主题编写直播脚本； 2. 根据直播话术丰富直播脚本； 3. 进行直播产品讲解实操，进行考核和点评。
任务三 直播产品讲解互动演练	1. 理解直播营销产品的讲解原则及促销策略； 2. 掌握直播粉丝营销的互动技巧。	1. 掌握直播产品讲解的主要环节； 2. 掌握新人直播技巧和直播营销互动原则。	1. 根据直播主题选择合适的互动玩法； 2. 根据选择的互动玩法选择相对应的工具； 3. 进行直播产品讲解粉丝互动实操，进行考核和点评。

实践一　主播形象打造

【任务目标】

学生根据任务一的相关知识，开展一次打造主播形象的实操活动。包括电商网络主播的体态语言、妆发和衣着的要求。本任务需要单人完成，并且开展直播展示考核。

【任务形式】

单人完成，每人根据直播主题设计相对应的妆发和衣着。

【主要内容】

（1）给自己取网名并设计一句话简介。

（2）按照直播主题设计相对应的妆发和衣着。

（3）进行直播展示，进行考核和点评。

实操活动需要以视频形式记录下来，实操结束后要把在准备和直播过程中遇到的问题进行总结，完成表4-1-2和4-1-3。

表4-1-2 主播直播数据表

日期	开播-结束时间	直播数据			
		主播网名和简介	主播妆发	主播衣着	主播体态语言

表4-1-3 准备和直播问题总结表

主播	准备中的问题	直播中的问题

【考核和评价】

表4-1-4 评分标准

内容	评分细则	分值
主播网名和简介	是否完整有特色，让观众眼前一亮	4分
主播妆发	是否符合当前直播主题的要求，是否得体大方	4分
主播衣着	是否符合当前直播主题的要求，是否得体大方	4分
主播体态语言	是否符合当前直播主题的要求，是否体态得体	8分

? 【想一想】

了解了电商主播妆容及衣着的相关知识，结合不同的直播主题和当日的衣着，尝试为自己画一个适合直播的妆容。

任务二　讲解直播产品

任务描述

晓雯作为新人主播还不能够独立完成讲解直播产品的任务，公司对于新入职的员工进行岗前培训，主要培训内容有在直播中如何讲解产品，能够利用哪些营销策略戳中顾客需求、激发顾客的购买欲望、实现成交转化等。

任务分解

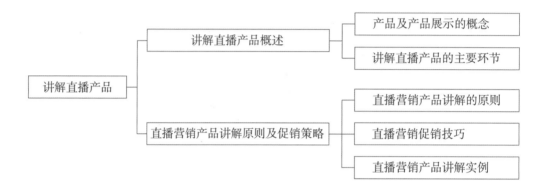

活动一　讲解直播产品概述

随着直播平台的快速发展，晓雯要学习和掌握的知识越来越多，她了解到，作为一名电商直播的主播关键要能够完整地展示直播产品、通过对产品的讲解激发顾客购买欲望、满足顾客需求实现成交转化。

一、产品及产品展示的概念

1. 产品整体概念的五个层次

产品整体概念是现代市场营销学的一个重要理论，它的五个层次分别是核心产品、形式产品、期望产品、延伸产品、潜在产品。比如订一间酒店，一般会认为买的就只是一夜的住宿。但是根据市场营销理论，产品不仅包括睡觉的床，还包括房间的整体卫生、氛围、服务，以及产品的品牌在用户心中的感觉，如图4-2-1所示。

（1）核心产品是指向顾客提供的产品的基本效用和利益。从根本上讲，每个产品实质上都是为解决问题而提供的服务。例如，消费者购买口红不是为了得到某种颜色、某种形状的实体，而是为了通过使用口红提高自身的形象和气质。

（2）形式产品是指核心产品借以实现的形式或目标市场对需求的

图4-2-1　酒店示例图

特定满足形式。形式产品一般有五个特征构成，即品质、样式、特征、商标及包装。核心产品必须通过形式产品才能实现。

（3）期望产品是指购买者在购买产品时期望得到的、与产品密切相关的一整套属性和条件。比如旅馆的客人期望得到清洁的床位、洗浴产品、浴巾、电视等服务。

（4）延伸产品是指顾客购买形式产品和期望产品时，附带获得的各种利益的总和，包括说明书、保证、安装、维修、送货、技术培训等。

（5）潜在产品是指现有产品包括所有附加产品在内的，可能发展成为未来最终产品的潜在状态的产品。潜在产品指出了现有产品可能的演变趋势和前景，如图4-2-2、4-2-3所示。

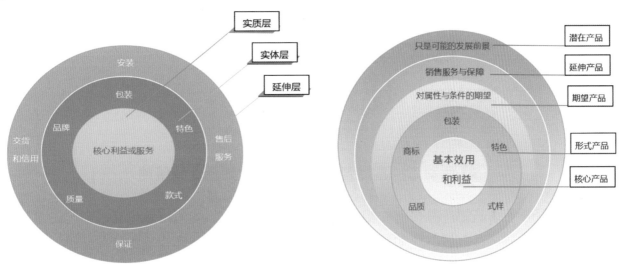

图4-2-2　产品整体结构　　　　　　　　　图4-2-3　产品层次

2. 产品展示的概念

产品展示是指对所销售的产品进行详细展示和介绍，包括规格、款式、颜色等所有产品详细的信息。直播产品展示是指通过视频直播的形式，让顾客在线一对一或一对多地了解产品的细节、材质、功效、功能、价格等属性，从而使顾客更直观地了解产品的活动。

二、讲解直播产品的主要环节

电商直播是一个综合性的营销活动，需要主播逐一介绍每个产品，以下所介绍内容为单个产品讲解流程，电商直播需要重复和循环介绍每个产品以达到销售目的，直播结束前可进行下一场直播的产品预告，或者与粉丝互动邀请转发、引导关注公众号和粉丝群，如图4-2-4所示。

（1）产品介绍：讲解产品外观、功能、寓意、基本信息、品牌故事、公司背景等。

（2）产品卖点：讲解原材料、品质、品牌、性价比等，突出卖点同时击中顾客的痛点。抓住顾客的需求点，激发潜在需求，营造场景式促销，使顾客身临其境，想象自己真实使用场景。

（3）活动放漏：每场产品直播讲解的关键在于成交，活动的设置可以促成成交。比如限时秒杀、买赠活动、打折优惠等。

（4）主播催单：活动要有时间限制，有头有尾，不然就会让顾客觉得什么时间买都可以，没有紧迫感。所以主播需要把握节奏，适时催单。

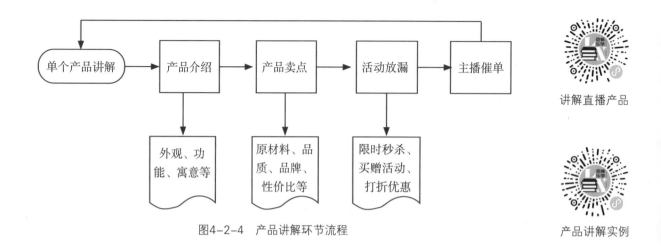

图4-2-4　产品讲解环节流程

讲解直播产品

产品讲解实例

?【想一想】

请选择一款自己了解的产品，按照直播产品讲解的环节进行产品讲解。

活动二　直播营销产品讲解原则及促销策略

晓雯已经学习了直播产品讲解的相关内容，对于直播产品如何讲解也有了自己的思路，但是晓雯还是遇到一些问题，比如粉丝看一下就离开、成交率低等，晓雯还需要进一步学习直播营销策略。

一、直播营销产品讲解的原则

1. 先热场，再卖货

直播的时候一定要先把直播间的气氛热起来，慢慢让用户进入状态，有助于接下来完成成交转化。主播要去理解用户的心理，不能一开播就卖货。比如很多主播在直播时通常做的第一件事是先来一波抽奖，这个动作背后的心理逻辑很重要，让用户感觉进直播间，不是只来买实惠的东西，也是有福利的。

2. 打造直播氛围

用户在看直播的时候需要感受到主播的热情和购物氛围，主播需要在直播时保持热情，介绍产品时不仅只是念出产品的功能、作用、适用的人群，还需要不断地重复，用夸张的语调和洪亮清晰的声音来传达产品的价值，以及给出一个合理的降价理由，最后用催单机制来实现用户的购买，以及通过抽奖和发福利来让用户有持续观看和互动的意愿，从而实现一场直播的互利共赢。

3. 关注留言评论

直播过程中主播要一直关注留言。直播面对的是线上观众，数量众多，主播需要实时关注评论区并与观众进行互动，让观众有参与感，并且需要根据评论区的留言把握说话的分寸，调整直播内容，及时回答观众的问题。

4. 主播对商品的了解程度

在直播过程中，主播需要对网友提出的问题进行及时反馈。当网友提问时，主播需要专业又体贴地解决这些问题。观众可能会提一些相对专业的问题，比如化妆品的成分等；当观众内心犹豫不决时也会提问，比如这支口红是否适合我？这时主播应该给出专业的解释和建议，这样才能更具说服力。

5. 形象化表达

电商主播的形象化能力包括商品展示能力、描述表达能力等。网络购物与线下购物的最大区别在于网络购物只能看、不能摸、不能试，体验性比较弱。因此，主播具备将自己对商品的感受进行形象化描述和展示的能力就非常关键。有效的直播需要主播通过比喻等形象生动的修辞手法，搭配表情和身体动作，将试吃、试用之后的感受清晰地传达出来。

6. 互动时让粉丝有亲切感

互动性是直播的一大优势，通过及时互动在主播与粉丝之间传递信息、沟通情感。直播带货过程中，需要主播与粉丝的频繁互动。比如欢迎新进入直播间的粉丝，解答网友关于商品的各种问题等。很多主播都称呼粉丝为"宝宝们""女生们""美眉们"，就像淘宝网上"亲"的说法一样，成为直播带货互动的代表性词汇。

7. 主播要与观众建立信任

直播带货中，主播作为品牌和用户之间的桥梁，需要与用户建立信任，用户如果不相信主播，哪怕价格再优惠也不会购买。主播可以通过在直播的现场和品牌方进行砍价、溯源直播、溯源视频（去品牌方的工厂、专柜看他们的产品是怎么制作出来的，制作的流程是什么，线下卖什么价格，并且为用户体验产品）等方式提升用户的信任度。

8. 加强与粉丝之间的黏性

建立与客户之间的黏性，是顾客从新用户转为老用户的关键。主播可以通过评论区回复、粉丝群、福利群甚至是加微信等方式。

二、直播营销促销技巧

直播营销成为许多企业新兴的营销方式，开通直播很容易，但是如何戳中观众的需求痛点、激发观众的购买欲望、实现成交转化等，需要一定的促销技巧。

1. "低客单价"策略

据 TalkingData 数据显示，快手用户多集中在二、三、四、五线城市，所以低客单价的策略很容易吸引顾客购买。比如某主播在直播间卖一款羽绒服，定价499元。他一直和身边工作人员说，这个价格太高，不好卖，他们（粉丝）以前买的羽绒服都是一百多，最后价格定为169元。

2. "商品附赠"策略

商品附赠不仅可以促进粉丝购买，也能增进与粉丝间的关系，让顾客感受到商品的附加价值。比如，很多主播常常会强调附赠礼品，比如买一送×、附赠××礼品等为重点词语会在一场直播中被多次提到。除此之外，他还会在品牌提供赠品的基础上，附加自己送给粉丝的赠品。

3. "善用对比"策略

直播间里的产品种类多样，顾客对有些产品和品牌不太熟悉，因而信任度低，在介绍"不知名品牌"的产品时，需要通过对比的方式打消粉丝对产品的顾虑，用类似产品进行对比，以凸显所售产品的优势。例如，在卖一款夹心小面包时，主播将面包对半撕开，与其他夹心面包进行对比，比较不同面包夹心的厚度，以显示所卖面包的夹心分量更足。

4. "为粉丝说话"策略

主播是商家与粉丝之间的桥梁。主播需要为粉丝提供优质的产品，为粉丝说话，拉近与粉丝之间的距离，不会因为卖产品就会疯狂夸赞产品好，要站在粉丝的立场上说出消费者的心声。比如某主播在卖面膜时，可以站在消费者的角度介绍产品更适合哪类人群，哪些人不适合用这个等，劝大家理性消费。

5. "发福利"策略

发福利可以留住顾客，培养顾客观看主播直播的习惯，还会增长粉丝，比如在直播时设置一些抽奖活动，激励观众继续观看直播、分享给更多人等。

6. "限时、限量、限价"策略

限时，即优惠只限在直播期间有效。限量，即优惠只限规定数量有效，售完恢复原价。限价，即提供比平时更优惠的价格。把这三个因素叠加起来，会极大刺激消费者参与购买。

三、直播营销产品讲解实例

（一）直播带货的技巧

1. 实例展示——"小问题"放大成"大问题"

常年用牙签会造成牙缝变大、牙齿松动等问题，但这些问题很容易被忽视，而且很多人习惯了使用牙签，他们觉得牙签和牙线没有太大区别，所以说服一个常年用牙签的人改用牙线是无比艰难的，更别说让他们立即下单了。某主播在直播时使用"孩子模仿大人"策略成功说服了观众，主播提到大人在使用牙签时，孩子很可能模仿大人养成不良习惯，甚至导致受伤，将大人的"小问题"放大成孩子的"大问题"，让观众引发联想，从而意识到使用牙签的隐患，而下单购买牙线。

2. 实例展示——将不那么重要的"非必需品"演绎成不可或缺的"必需品"

在直播中售卖平时不怎么用或替代性较强的非必需品时，有些主播的技巧是"挑人卖"，将受众集中在少量有需求的人群身上，从他们的角度出发说服其购买。在直播卖某化妆品冰箱时，主播的介绍是"你买再贵的护肤品，没有专用冰箱来保存的话，它里面的活性成分也会流失"，然后将较高端品牌的化妆品装进冰箱做示范。

3. 实例展示——将未来产生的"延时消费"渲染成必须立即下单的"即时消费"

将观众的"延时消费"渲染成必须立即下单的"即时消费"，可以利用观众的固有消费经验改变他们的消费决策。比如在直播卖某取暖器时，主播反复强调：取暖器一定要越早买越好，越往后越贵。试想，在不那么冷的秋天，除了低价，很难说服观众提前消费，但是利用观众的固有消费经验，则能轻易说服观众立即下单。

（二）直播带货的"四部曲"

1. 销售准备

（1）销售辅助道具的准备。在直播带货中除了商品本身，还需要用于更好表现商品卖点的道具，在销售中也叫销售工具。比如当需要谈价格优势，展示打折力度大的时候，助理会拿出计算器，现场为观众计算折扣和优惠金额；当谈到产品是与某明星同款，助理会拿出准备好的大幅照片，展示明星穿着或使用的场景；当需要演示如何下单购买时，助理会拿出手机或平板电脑，演示下单的步骤和界面。

（2）推荐重心、卖点的准备。主播在推荐产品的时候，都会提炼出一个或两个主推的亮点。主播会在短时间内把这个亮点讲透，用多种花样的表现方法来解释他的观点，打动观看直播的观众。这些主播会集中在商品的一个卖点上发力，但是在表现形式上会力图多样，减少观众的重复观感。

（3）主播状态的准备。当每次看到主播那么充满激情地卖力推荐产品，观众总会更愿意多停留几分钟，有时其实并不是受到当前所售产品的吸引，而是被主播的激情所感染。相反，如果主播没精打采或者没有互动，自然是留不住观众的。

2. 客户心理

（1）从众心态。很多人都有从众心态，觉得和大家选的一样就是对的，不少商家会利用这一心理推销产品，很多主播在直播时也会利用消费者从众心理。

（2）塑造专业形象。让观众相信主播的专业水平，能够卖出更多的产品。有的主播经常在直播间进行化妆、护肤方面专业知识的讲解，这恰好是观众需要的、愿意耐心聆听的，也更容易获得观众的信任。

3. 销售技巧

（1）利用多种方法演示产品功能。主播在讲解产品时会用多种方法和实验展示产品的功能，让观众可以更加真切地体会到产品的性能。比如，主播在介绍洁面产品时会用洁面乳打出丰富的泡沫，并将硬币放在泡沫上，以此来向观众展示这款洁面乳的泡沫绵密细腻。

（2）通过讲故事引起观看兴趣。通过讲故事的方法介绍产品，可以提升亲和力和吸引力，可以让观众有兴趣听下去。比如主播在直播时分享他在选品或者和品牌方对接时的小故事，让观众有兴趣继续听他的讲解。

（3）放大价格优势刺激购买欲望。在销售中价格优势是非常重要的，通过对比的方式可以放大自己的价格优势。比如主播会将直播间的价格与线下专柜或门店进行比较，从而体现出直播间产品价格的优惠力度，有效刺激了观众的购买欲望。

（4）产品组合销售吸引观众下单。电商直播中主播最重要是引导顾客下单购买。产品分类中有替代品和互补品，在直播间销售产品要善于利用互补品和替代品，将产品组合进行销售，可以吸引更多观众下单。比如买方便面送泡面碗、电动牙刷搭配牙膏购买更加优惠、大人与儿童电动牙刷搭配售卖。

4. 收单细节

（1）打消消费者的买单顾虑。在消费者出现犹豫的时候，销售人员可以洞悉消费者的疑问，主动讲出消费者的顾虑问题，并给出一个让消费者放心的解答，会及时打消消费者的顾虑，增加买单数量。在直播间经常会听见主播说"孕妈妈也可以放心使用""小朋友也可以放心使用"这样的话术，及时打消了观众的下单顾虑。

（2）关注下单流程。很多主播在直播时都会不厌其烦地讲解下单流程，同时助理会用手机或平板电脑展示在哪里领优惠券、下单的界面是怎样的，不厌其烦地讲解、演示，这样就可以有效地引导观众下单，并且排除下单过程中观众因不熟悉操作而放弃购买的隐患。

【想一想】

请观看两个主播的直播并分析他们的直播分别采用了哪些直播技巧。

任务三　掌握直播技巧

任务描述

晓雯作为新人主播，在直播中遇到了许多问题，新人主播如何开场，直播常用话术有哪些，如何把握直播的节奏，如何进行粉丝互动等都是晓雯需要学习的内容。

任务分解

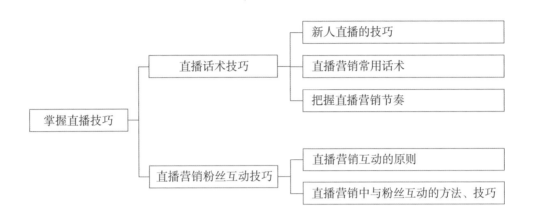

活动一　直播话术技巧

晓雯已经掌握了一定的直播知识，但是除了策划合适的直播活动和搭建精美的直播场景外，在直播过程中还要有恰当的直播话术、准确地把握直播节奏，这样才能让直播活动达到更好的效果。

一、新人直播的技巧

1. 多积累专业知识

新人直播技巧

主播需要学习和积累产品知识、产品行业知识，直播时适当引入这些专业知识再搭配一些当前的热门话题，直播会显得更加专业、有趣。主播对所售商品越了解、越专业，就越能够取得观众的信任说服观众购买。

2. 多谈自己的感受

买家进入直播间最想看的是主播现场展示产品、最想听的是主播讲解使用产品的感受。主播从用户的角度出发，在介绍产品的同时，详细描述自身使用感受，更能引起观众共鸣刺激其消费。比如在销售家具的直播间，将直播间一比一还原家庭场景，主播会描述坐上沙发的体验，让买家能够感受产品购买后的场景感。

3. 学会"自说自话"

在直播间人气欠佳时，主播需要学会调节直播气氛，主播可以热情介绍产品，与进直播间的粉丝打招呼，学会看名字识人，同时要及时关注手机屏幕上的留言，及时回复，给粉丝留下好印象，在这个过程中不断积累粉丝。

4. 了解买家痛点

主播需要摸索出买家的需求点，找准买家痛点，有针对性地去讲解。比如身材欠佳的买家需要显瘦的衣服，健身的买家需要高蛋白低脂肪的食品。

5. 巧用买家的猎奇心理

主播在直播的过程中，可以适当勾起观众的好奇心，比如选品时选一些小众或造型奇特的产品，介绍产品时融入有趣的小故事等，充分引起观众的兴趣，激发观众的猎奇心理，可以有效地刺激观众购买。

二、直播营销常用话术

（一）欢迎话术

表4-3-1　欢迎话术

话术目的	话术详情
解读观众的账号引起互动	欢迎××进入直播间，这名字有意思／很好听，是有什么故事吗？
寻找共同话题	欢迎××进来捧场，我最近喜欢上一首歌，不知道你们听过没有？
借机传达直播内容	欢迎××进入直播间，今天要给大家介绍的是画眼妆的技巧，感兴趣的宝宝记得点个关注哦。

（二）宣传话术

表4-3-2　宣传话术

话术目的	话术详情
宣传直播时间	非常感谢所有还停留在我直播间的家人们，我每天的直播时间是晚上八点，风雨不改，没点关注的记得点关注，点了关注记得每天准时来看哦。
宣传直播内容	我是×××，今天来给大家分享几个美妆的小技巧，学会了你也可以成为美妆达人，记得关注我，了解更多简单、易上手的美妆技巧。

（三）互动话术

在直播过程中，通过主播与观众实时的互动，让观众感知到切身服务，观众诉求可以较快得到回应，主播也能够很快地收到观众的反馈。

1. 发问式互动话术

发问式互动话术一般提出的是不需要太多思考就能回答的问题，答案是肯定或者是否定，为了方便互动，观众只需回答一两个字，主播也能快速得到粉丝的答案，不至于在等答复时冷场。比如："刚刚分享的小技巧大家学会了吗？""你们能听到我的声音吗？"等问题。

2. 选择性互动话术

选择性互动话术，就是给观众抛一个选择题，观众只需要在评论区回答选项即可，能够迅速让观众参与到直播互动里。比如"想听×××的回复1，想听×××的回复2"等指令性动词，"要拍的宝宝们回复要"等。

（四）带货话术

合理运用直播带货话术可以拉近主播与消费者之间距离，建立信任感，拉动产品销售从而实现带货变现。

1. 展示型话术

主播在进行直播带货时，全面展示产品并分享使用感受，能够让粉丝更直观地看到产品的样子，并通过主播的描述结合自身想象使用场景。产品展现得好、描述得好，观众下单的概率也会更高。比如某主播在进行口红试色时，对每一支口红的特点都能进行细致地表达，让观众能马上了解到这支口红的特色，产生购买欲望。

2. 信任型话术

直播带货中观众触不到产品，只能通过主播的描述来了解产品。因此，主播需要让粉丝对产品建立一定的信任感，才能促成粉丝下单。比如主播会用"我也买了××"来为产品做担保，或者"××我只推荐这一个品牌，其他品牌给我再多钱也不宣传"这一类话术来衬托产品的优秀，打消观众对产品的顾虑。

图4-3-1 专业型图书讲解

3. 专业型话术

在推荐产品时，主播需要从专业的角度出发，对产品进行详细讲解，并指导粉丝选择产品。比如在图书带货直播中，主播不仅要讲解图书的主要内容、特点等，还可以从图书内容涉及的专业知识、出版知识等专业角度进行详细介绍，让观众对这本图书有全面地了解，同时这样的专业讲解可以增加观众对主播的信任，吸引其下单购买，如图4-3-1所示。

（五）活动话术

直播中的优惠活动是影响粉丝在直播购买产品的重要因素。主播需要详细介绍产品的优惠方式，并不断强调，用数字、对比等方式让观众感受到优惠力度，刺激其下单消费。主播经常在直播间中强调"低价""买×送×""优惠套餐""我们直播间比免税店还便宜！"等一系列直播话术去刺激粉丝们下单。

（六）催单话术

催单是利用观众"害怕错过优惠活动"的心理，不断强调数量和时间都有限，优惠活动即将结束来营造紧张气氛，吸引观众立刻购买。催单类话术的关键是要调动用户"抢"的心态。比如"抢购""过时不候""数量有限"这样的话术，都是在刺激观众马上下单。

（七）引导话术

在直播中主播需要时常引导观众关注直播间来提高主播和直播间的人气。比如主播直播时，每隔几分钟时间就会重复一次"喜欢主播的可以多多关注我们的直播间"，通过这样的引导类直播话术，获得更多观众的关注。有的主播会用"来了先分享，再来抽大奖。关注并分享直播间就有机会中奖哦！"的方式引导观众关注。

（八）感谢话术

主播在下播之前，可以用感谢类话术来表达对观众的感谢，这样可以延续粉丝的不舍之情，还能提升观众对主播的好感度，帮助主播吸引粉丝。比如"感谢你们来观看我的直播，谢谢你们的礼物，陪伴是最长情的告白，你们的爱意我收到了"，主播需从真实情况出发，抒发自己真实的感情。

（九）运营团队及品牌方配合话术

直播期间，运营团队需要跟着主播的节奏及时更新产品链接、发放优惠券，同时帮主播补充产品介绍、为观众演示领券和下单方式，还需要把握恰当互动时机、活跃气氛。品牌方主要配合主播凸显产品的优惠力度大，刺激观众消费。比如，主播在催单时会说"倒数五个数，5（助理配合说，还剩200单），4（助理配合说，还剩100单），3（助理配合说，没了没了）"，在主播讲解下单流程时助理会用手机或平板电脑展示领取优惠券和下单的方式，引导观众购买。

三、把握直播营销节奏

1. 聚人

聚人阶段主要目的是吸引观众的注意，引起用户好奇心，通过与观众互动，拉近彼此的距离；还可以通过介绍包装渲染产品的产地、品牌历史、口碑、历史销售数据等引起观众对产品的兴趣。比如："今天这款产品已经畅销一百年了，在欧美是每个家庭都具备的产品。"

2. 留客

留客阶段要介绍优惠机制及抽奖活动，包括抽红包、限量秒杀、送限量口红等，并号召观众互动刷屏，进一步活跃直播间气氛并留住观众。

3. 说服

提前规划好产品使用场景，直播过程中以提问的方式与观众互动，让观众说出产品使用痛点，而不是机械地把说明书的功能都说一遍。比如主播阐述产品的卖点、使用感受、产品成分和与其他渠道对比的价格优势等，让观众产生自己需要且想要购买的感觉。主播还可以现场试用产品，分享使用体验与效果，验证产品功能，激发观众的使用需求和购买欲望。

4. 催单

在直播带货中，主播需要营造出产品数量有限且非常畅销的氛围，不断向观众汇报当前的销售量、库存、礼品数量等可以持续刺激观众的购买欲望，同时要强调产品的促销机制和赠品，给观众带来物超所值的感受，并且在适当的时机采取倒计时等方式催促观众下单，营造紧张气氛。

5. 关注下单流程

主播需要讲解并演示下单流程，帮助观众熟悉下单的操作方法，引导观众的下单行动。

比如主播会不厌其烦地讲解下单流程："先领40元优惠券，然后下单的时候数量填2，填2就是2件，2件到手价88元"，这时小助理会用手机或平板电脑进行相应展示。

总之，销售的过程需要一个话术剧本，关键是三步：说服、催单和逼单。直播带货的过程是一个说服的销售过程。因为直播间的用户是不断进出的，所以直播的整个过程就是不断重复、循环这三个流程，如图4-3-2所示。

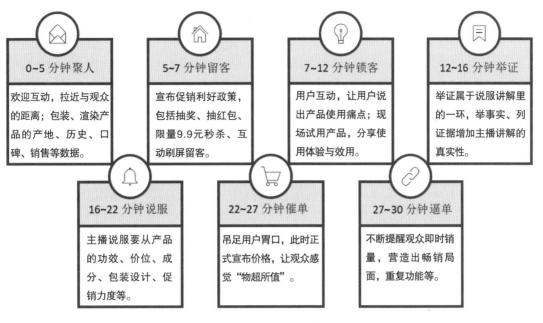

图4-3-2　30分钟直播带货话术

？【想一想】

新人主播话术技巧有哪些？电商主播晓雯作为售卖铜工艺品的新主播，请为她设计一个开场话术。

活动二　直播营销粉丝互动技巧

晓雯学习了直播营销话术，开始慢慢适应直播营销的岗位，在工作中晓雯开始出现新的问题，粉丝进入直播间停留时间很短，晓雯不知道如何跟粉丝进行互动，晓雯需要进一步学习与粉丝互动的技巧。

一、直播营销互动的原则

如何在直播间更好地和粉丝互动达到卖货的目的呢？一场直播展现的内容是有限的，我们需要通过长期的规划来保持良性的互动，慢慢培育转化，切中买家的需求，达到销售目的。

1. "巧用"直播平台道具

每个直播平台上都会有很多有趣的虚拟道具，比如跑车、飞机、游轮、钻戒等。用户通过给主播送礼物的方式，表达自己的情感、想法，这是直播平台上常见的互动方式。

2. 福利游戏，效果更佳

直播过程中的红包、抽奖、秒杀都能起到刺激用户的效果，促进销量的提升。

（1）抢红包作为直播互动中最常见的互动方式，红包可以快速调动观众的观看热情，吸引用户持续观看同时完成转化。

（2）通过评论、点赞的互动可以延长用户观看时间，比如很多主播会提醒用户点赞满多少就开启新一轮红包福利，可以提高用户观看直播时候的参与感。

（3）评论截图抽奖可以吸引用户观看直播并积极参与评论，主播通过截图的方式宣布获奖名单能够让评论区产生刷屏效果，推动直播氛围进入小高潮。

3. 合作增流，明星助播。

（1）与KOL连麦增流。连麦主要是直播中的两个主播进行连线，主要分两种形式：一是连线互动，粉丝量大的主播给刷礼物打榜靠前的主播进行粉丝增流；二是两个主播连线PK，通过两个直播间的粉丝刷礼物的金额数决胜负，PK的方式更能刺激粉丝。

（2）邀请明星进直播间。明星的到来可以进一步为主播增加粉丝量，并且通过明星、主播的共同宣传快速提升主播的影响力。主播也为明星代言的商品进行了推广和销售，实现了双方的共赢。对于头部主播来说邀请明星进入直播间是社交资产积累的重要一环。

4. 社交裂变，扩展互动深度

直播中进行社交裂变引导用户分享，社群触达提高转化率。

（1）商家在直播中设置砍价活动，用户分享给好友之后就可以用更低的价格完成购买，通过好友裂变能够为商家的直播间带来更多新的流量。

（2）将用户沉淀到线上社群中，在社群里分享直播内容可以对用户造成更大的覆盖，提高用户黏度。

5. 直播后私域运营提高留存率

直播结束并不意味着和用户之间的关系就结束了，小程序直播相对比淘宝直播这种公域流量直播的一个好处，在于私域流量的运营，能够在直播之后建立更好的用户关系。比如引导用户关注公众号进行内容营销；引导用户添加客服微信并高效互动、解决用户问题；充分利用社群威力拉近用户和品牌之间的距离。

二、直播营销中与粉丝互动的方法、技巧

（一）直播间粉丝互动方法

在直播过程中与粉丝互动是留住观众的关键，互动形式包括商品抽奖、随时解答粉丝问题等，如表4-3-3所示的直播间粉丝互动方法。

表4-3-3　直播间粉丝互动方法

互动方式	互动内容	互动要点
鲜明人设	1. 我是谁 2. 我的定位 3. 我们在直播间传递的价值	打造主播人设及直播间风格。比如某主播对美妆产品的专业性让观众信服，直播时的风格深得年轻女性观众的喜爱。
开场介绍 欢迎互动	开场欢迎观众、与认识的粉丝打招呼，点名欢迎	"第一次进来的宝贝请点一下关注哦，下次再来我们就是老朋友了。""点关注立即领取优惠券"等。
点赞互动	点赞抽奖	基于点赞数据，当点赞数达到预期目标时为观众发放福利，引导观众点赞。比如直播间目前点赞量为1万，直播间人数为5000人，主播可以引导粉丝点赞到2万会进行抽奖活动。
关注互动	引导观众订阅直播间并预约下一次直播	在下播前5～10分钟，不断引导粉丝们的关注。
转发互动	1. 口播鼓励转发 2. 互动新主题促进转发	1. 每场直播设置"转发有礼"的秒杀价礼物，激励观众转发。 2. 转发排名前三的可以获得价值高的礼物。 3. 转发次数到达一定程度可以获得礼物或参加"秒杀"活动。

互动方式	互动内容	互动要点
问答互动	粉丝互动（问需求） 卖点加深印象（问产品知识点）	通过与粉丝的问题互动，收集粉丝需求，针对提问更详细地介绍产品，刺激粉丝购买。
福利互动	秒杀、预告产品活动	开播时把当日要直播产品的促销活动和把要抽奖的礼物进行讲解，给粉丝们一种期待感。
	抽奖	可以用刷口令的方式截屏抽奖。一场直播大概需要抽四五次奖，抽奖的内容需要反复介绍清楚，抽奖一次进行一次详细讲解，避免新进入的粉丝不清楚抽奖规则。
长线做好直播间	短期黏粉：直播间关注页抽奖 中期黏粉：复购用户粉丝团晋级 长期黏粉：老粉丝专属福利群	

（二）直播间粉丝互动技巧

1. 亲密度设置

直播间有明确的粉丝等级，不同等级的粉丝可以享受不同的福利和赠品，这可以激励粉丝与主播互动，进行点赞、转发等提高等级，增强粉丝的活跃度。

2. 产品互动

以特定的口令来完成主播所出的题目，从而获得优惠特权。比如在直播间评论区连续发五遍产品名称可领取优惠券等。

3. 善用道具

利用游戏道具吸引粉丝关注、引导粉丝参与，提高直播间热度。比如主播在直播间拿一个巨型骰子玩游戏，用掷骰子的方式决定送什么产品给粉丝，互动效果显著，也可以提升直播间的气氛。

？【想一想】

请观看两位主播的直播并分析他们的直播分别采用了哪些粉丝互动技巧，结合所学知识进行说明。

任务四　了解直播营销的禁忌及危机管理

任务描述

晓雯作为一名新人主播，在之前的课程中学习了直播常用话术、节奏把握、粉丝互动，直播工作也开始得心应手起来。但是最近她又遇到了新的问题，在直播营销过程中遇到一些紧急情况不知道如何应对、直播话语总是出现违禁现象。晓雯需要进一步学习直播营销的禁忌及危机管理。

任务分解

一、直播营销的禁忌

1. 直播时间随意、态度不端正

（1）随意开播、下播：直播时间不固定、频率不确定会导致粉丝流失快，关注度低。

（2）直播态度不端正：直播前不做准备工作，如化妆、调麦、调视频等，会导致直播过程中发生意外情况，影响直播效果和直播间人气。

2. 着装禁忌

（1）女主播服装不能过于裸露，不能只穿比基尼及类似内衣的服装，禁止不穿内衣，不能露出内衣或内裤（安全裤）。

（2）女主播背部的裸露部位不能超过上半部的三分之二，即腰节线以上。

（3）女主播下装腰部必须穿到骨盆以上，低腰下装不得低于脐下2厘米，即不得露出胯骨及骨盆位置；短裙或短裤下摆不得高于臀下线。男主播不得仅穿着三角或四角及类似内衣的服装、紧身裤直播，且裤腰不得低于胯骨。

（4）女主播胸部的裸露面积不能超过胸部的三分之一。

3. 直播职业禁忌

（1）直播开启后，不管直播观众的多少，主播需要一直在线，且不能保持沉默，避免直播间冷场。

（2）主播不能引导消费者购买非直播间产品和在其他交易平台付款。只能在直播时按照规定好的产品和交易平台进行直播带货，要按照台本和要求进行直播。

（3）直播时长不能过短。直播间的观众是流动的，如果直播时间太短，可能观众刚进来直播就结束了，会给消费者带来不好的印象和购物体验。

（4）禁止主播在直播中出现穿着低俗、谈论政治话题、吸烟、吸毒等情况以及在直播间播放企业宣传片、广告、电视新闻和多直播平台同时开播的情况。

二、直播营销的危机管理

1. 产品购买链接错误，如表4-4-1所示。

表4-4-1　产品购买链接错误

危机情况说明	应对策略
直播过程中客服本想上A产品链接，结果却误上了B产品链接，或者产品上重复了，这些都是比较常见的直播危机。	如果直播间不可直接删除时，店铺后台将错误链接下架，并立即添加正确的商品；可以直接删除时，应立即在购物车里直接删除。

2. 展示产品出现错误，如表4-4-2所示。

表4-4-2　展示产品出现错误

危机情况说明	应对策略
主播接手自己并不熟悉的领域产品，并且没有提前去了解和体验产品，导致直播出现错误。	立即停止展示产品，真诚道歉并承诺观众下播后会验证错误原因给观众说法。下播后找出原因发布声明。

3. 账号被封

直播平台有一定的规则，一旦违反规则就会受到相应的惩罚。轻则限流、降权、屏蔽部分功能，重则封号数日，甚至直接删除账号、清空账号所有数据，如表4-4-3所示。

表4-4-3　账号封号原因自查

原因	注意事项
视频中含有水印，会被限制曝光	这条规则的界定目前还比较模糊，哪些内容元素会被判定为水印并没有明确说明。目前对于众多账号的观察分析，视频中的字幕过于明显，停留时间过长会被判定为有水印。
内容不符合站内公约的视频	危害国家社会安全、涉及色情低俗、封建迷信等触碰原则性的视频内容一定会被严肃处理。
搬运视频	盗用他人的作品，通过添加片头片尾、加字幕、修改视频MD5、修改视频尺寸等手段躲过平台审核是严重的违规行为，会受到严厉的处罚。
发无关广告	1. 视频内容中含有个人联系方式（二维码、电话、个人微信台/QQ号、微信群/QQ群等）或内容含有多处推广信息； 2. 有明显营销意图，如"回复××，获得××" 3. 推广带有二维码、图文形式联络方式等； 4. 诱导用户点击/关注本人账号之外的其他账号，如关注领奖、关注看回答、关注获取下载资源等； 5. 推广微信或微信公众号时使用变种，如"微心""威信""薇信""微^信`公`众`号"等，情节严重的将予以封禁。
关键词违规	账号昵称、个性签名、视频描述、文案、私信、评论等能够添加关键词的地方，一定要格外谨慎，各平台这些位置的文字有专门的审核系统。许多运营者常常因为忽略这些细节而被降权、降级。

团队实训

【任务说明】

受新冠肺炎疫情的影响，通过直播参观旅游景点成为了一种新的"旅游"方式，请同学们以井冈山景点为主题，查阅井冈山背景、景点介绍及井冈山景区周边产品、地方特色等。本次任务需要团队协作完成"井冈山红色旅游"直播，包括景区介绍及周边产品售卖。

【任务目标】

根据项目四的内容，开展一场完整的电商带货直播，包括主播体态语言、妆发和衣着、产品讲解内容、直播话术互动、直播营销禁忌及危机。本任务需要团队合作完成，开展直播营销成功后需要将结果统计总结。

【组织形式】

4～6人为一个小组，每组由组长分工开展一场完整的电商带货直播。

【主要内容】

（1）各小组按照电商直播团队的人员配置模式进行任务划分，分别有主播、助播、场控、运营团队。

（2）主播完成服装搭配、妆发、产品讲解等环节。

（3）助播辅助主播进行带货直播。

（4）场控控制整场直播节奏和观众评论。

（5）运营团队负责话术、促销互动策划、直播脚本、在线客服、商品上架、危机处理。

全组成员在实操前要对各小组成员进行任务分工，督促各成员完成自己负责的岗位内容；组长协调处理实操过程中出现的突发情况；实操过程需要用视频形式记录下来；实操结束后需把直播结束的数据和直播过程中遇到的问题填写到表4-4-4和表4-4-5。

表4-4-4　主播数据统计表

日期	开播—结束时间	累计直播时间	流量					
			每小时观看人数	累计互动	累计商品点击	粉丝点击占比	商品UV	老粉回访

表4-4-5　直播问题总结表

总导演	主播	场控	直播中的问题

项目总结

本项目介绍了开展电商直播的整体流程，包括电商主播的打造、直播产品的讲解以及直播技巧的训练。电商直播需要关注产品的销售，要求主播学会正确讲解产品，同时了解直播营销常用话术来留住观众促进销量，同时也需要了解直播过程中的禁忌，完成一场完美的电商带货直播。

综合评价

评价项目	评价内容	评价标准	评价方式		
			自我评价	小组评价	教师评价
职业素养	安全意识责任意识	A. 作风严谨、自觉遵章守纪、出色完成实操任务 B. 能够遵守规章制度、较好地完成实操任务 C. 遵守规章制度、未完成实操任务 D. 不遵守规章制度、未完成实操任务			
	学习态度	A. 积极参与教学活动、全勤 B. 缺勤达本任务总学时的10% C. 缺勤达本任务总学时的20% D. 缺勤达本任务总学时的30%			
	团队合作意识	A. 与同学协作融洽、团队合作意识强 B. 与同学能沟通，分工、协调工作能力较强 C. 与同学能沟通，分工、协调工作能力一般 D. 与同学沟通困难，分工、协调工作能力较差			
专业能力	各岗位分工及完成情况	A. 学习活动评价成绩为90～100分 B. 学习活动评价成绩为75～89分 C. 学习活动评价成绩为60～74分 D. 学习活动评价成绩为0～59分			
	开展直播活动	A. 学习活动评价成绩为90～100分 B. 学习活动评价成绩为75～89分 C. 学习活动评价成绩为60～74分 D. 学习活动评价成绩为0～59分			
	实训任务测评	A. 按时完成实训操作与任务测评，实操总结汇报表述清晰、流畅 B. 按时完成实训操作与任务测评，实操总结汇报表述基本清晰、流畅 C. 未能按时完成实训操作与任务测评，实操总结汇报表述错误较多 D. 未完成实训操作与任务测评，无实操总结汇报			
创新能力		学习过程中提出具有创新性、可行性建议	加分奖励		
学生姓名		综合评价等级			
指导老师		日期			

一、单选题

1. 直播营销粉丝互动的目的是（　　　）。

A. 减少对产品的了解　　　　　　　　B. 增强粉丝停留时间

B. 减少对主播的信任感　　　　　　　D. 减少销售量

2. 新人直播技巧包括多谈感受把握话题进度、积累专业知识、自说自话、了解买家痛点和（　　　）。

A. 巧用猎奇心态　　　　　　　　　　B. 良好的妆发

B. 学会与粉丝互动　　　　　　　　　D. 掌握直播节奏

3. 产品的四个层次不包括（　　　）。

A. 核心产品　　　B. 有形产品　　　B. 无形产品　　　D. 心理产品

二、多选题

1. 网络主播可以分为（　　　）。

A. 娱乐主播　　B. 棋牌主播　　C. 户外主播　　D. 电商主播　　E. 游戏主播

2. 电商主播的体态语言包含（　　　）。

A. 姿势　　　　B. 表情　　　　C. 声音　　　　D. 妆发　　　　E. 动作

3. 电商主播体态语言的功能有（　　　）。

A. 改善外在气质　　　B. 增加直播收入　　　C. 传递审美情趣　　　D. 增加直播人气

E. 增强表达效果

4. 直播话术包括（　　　）。

A. 欢迎话术　　B. 宣传话术　　C. 互动话术　　D. 带货话术　　E. 交流话术

5. 直播带货话术流程是（　　　）。

A. 售后　　　　B. 催单　　　　C. 逼单　　　　D. 下单　　　　E. 说服

6. 直播产品讲解环节都包括（　　　）。

A. 产品介绍　　B. 产品卖点　　C. 材质特性　　D. 活动介绍　　E. 活动放漏

三、判断题

1. 网络主播是属于通过网络视频直播间、聊天室展示自己的才艺，获得平台用户的欢迎，以及收取游客礼物的形式从而获得收入的一种网络职业。（　　　）

2. 电商主播的体态语言是一种以主播的面部表情、身体动作及服饰等为手段传播信息、交流感情并诉诸观众的有声语言，又称副语言。（　　　）

3. 直播带货中不可出现其他平台名称。（　　　）

4. 直播带货可以让未成年人参与直播。（　　　）

四、案例分析题

2019年"双11"，某鲜炖燕窝品牌在天猫平台销售额突破亿元大关，成为首个进入天猫亿元俱乐部的中国传统滋补品牌，同时成为天猫、京东两大平台燕窝单品销量冠军，全网销售额达到1.3亿，同比2018年"双11"增长302%。

从11月4日开始，该品牌创始人每晚8：00—11：30都在淘宝直播与粉丝面对面沟通，每晚观看量均达到1万多次，互动节奏紧凑，热度居高不下，其旗舰店在淘宝直播11·11品质冲榜日的热度排行榜中一度冲到了第7位，超过了许多美妆大牌。

直播期间，该品牌鲜炖燕窝的销量都在百万件以上，年卡销售量飙升，"创始人来了"的直播影响力出乎意料。

阅读案例思考：1. 直播期间，为什么该品牌的销量可以在百万件以上？

2. 该品牌采取哪种直播带货方式来获得成功？

五、场景实训题

尝试策划并开展一场直播带货来销售当地特产。

项目5 进行直播引流与运营维护

项目概述

晓雯通过在企业里的短暂直播实践，了解到每场直播都应该有明确的数据指标，来提高直播场次、优化直播内容。她发现直播是否能有计划有节奏地完成、能否提升直播间的在线人数、粉丝数量能否增长、销售额及销售转化率能否提高等，都需要靠一个关键岗位——直播运营去策划和打造。因此，无论是企业还是个人，能否整合各种新媒体手段，制定出符合自身和市场需求的一场直播，直播运营成为一场成功直播的关键。通过在企业中的实践和各大网站的招聘，晓雯看到了直播运营的发展前景，所以下决心一定要努力学习好运营技术。

知识目标

1. 了解粉丝需求，获取有效粉丝。

2. 知悉直播账号的设计方法。

3. 明确直播时间段的选择。

能力目标

1. 掌握直播引流技巧。

2. 能够提升直播间粉丝活跃度和粉丝忠诚度，有效运营粉丝群。

3. 掌握宣传预热技巧，提高直播间受关注的程度。

4. 能够根据直播运营数据分析结果完成店铺直播规划。

素养目标

1. 端正直播态度，培养对直播行业的职业认同感。

2. 树立电商诚信经营的观念，增强法律意识。

任务一　熟知直播账号引流

任务描述

晓雯在开展直播电商的过程中遇到了困惑：有的直播一次性就能有几万、几十万人观看，为什么自己的直播间热度一直不够呢？在没有粉丝基础的情况下，如何通过直播账号引流，吸引更多的人进入直播间呢？经过老师的指导，晓雯明白要想实现直播变现，就必须要学会为直播间做引流推广，打造属于自己的IP人设，于是晓雯开始学习直播账号引流的技巧。

任务分解

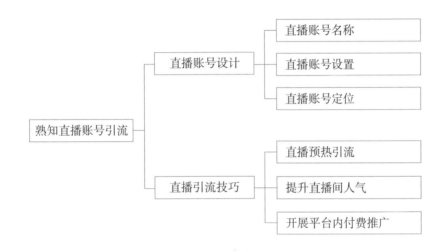

◖◗ 活动一　直播账号设计

直播账号就是各个平台的身份证件（ID），是身份象征。就像是带给网友的一张名片，直播账号设计得好，就可以形成第一波引流。

一、直播账号名称

在越来越彰显个性化的互联网时代，账号名称既要充满个性，又要特别好记，让用户在分享时，可以脱口而出。作为企业经营者来说，首先应该考虑的是账号中的关键词占位，因此"品牌词+业务词"可能是比较好的组合。例如账号是做图书的，品牌是"东方臻选"，那么账号名称就可以是"东方臻选之图书"；品牌是"京东"，那么账号名称就可以是"京东图书"等类似账号。这样无论是从用户搜索的角度，还是从系统识别的角度，"关键词"可以快速给账号贴上标签。其次是价值输出。关键词虽然解决了账号是干什么的，但用户为什么要关注你呢？例如账号是卖服装的，我们可以教消费者穿搭，因此，账号可以起名为"老妖的穿搭日记"、"老妖教你穿搭"等类似账号，即账号能分享什么价值给用户。账号名称尽量不要太长，字数太长不容易被粉丝记住。同时，尽量避免账号名称中有多音字，让粉丝产生困扰。账号名称确定后，如果没有特殊情况建议不要更换。

此外，直播账号名称一定要多个平台统一，太混乱的名称只会淡化粉丝的记忆，甚至误以为这些不同的账号名称是不同的人，不利于账号的聚焦。

二、直播账号设置

所有直播平台都会提供账号设置板块，包括头像、背景、性别、简介、所在地、主页背景等设置。首先头像是辨识账号的一个主要标准。无论是短视频账号，还是直播账号，可能第一眼关注的就是账号头像，所以细心的运营会认真设计并选择符合账号名称及其定位合适的头像。选择头像要符合两个基本原则：直观和清晰。除了账号名、头像、背景图外，很重要的一个设置就是简介。简介一般能够向用户传递你能为他提供什么，也就是本账号的定位是什么？还可以让用户知道你的态度和理念是什么？一般有以下几种形式：一是用一句话向用户介绍自己的身份。例如"东方甄选"的简介是"东方集团，东方在线唯一农产品直播带货平台。每天7:00—24:00东方甄选陪你！"简练说明账号的性质、定位等。二是用一句话表明自己在入驻领域能够输出的内容和技能是什么？能够给用户带来什么？例如"红叶手机摄影"的简介是"关注我，让你手机秒变单反，还有后期剪辑制作噢！三是表明理念和态度。这种账号的简介常以金句或走心的句子表现出来，展示账号的态度和理念。例如"余辉读书"的简介是"每周用45分钟，带你轻松听懂一本好书，我相信每多一个人读书，世界就多一份祥和。"通过账号的设置，新网友发现账号时，就可以快速对账号有一个基本的认知；反之，如果设置中一片空白，网友对账号一无所知，很难会产生进一步的关注。所以，一定要重视账号设置，尽可能地展现账号的特质。

三、直播账号定位

账号定位的主要目的就是确定账号的主攻领域。账号定位越明确、领域越垂直，粉丝就会越精准，商业变现也就越轻松。精准定位能够增强用户黏性，提升账号辨识度，也有利于后期的转化与变现。

（一）直播账号的分类

在做内容创作之前，首先要了解目前短视频平台上的内容分类，能为创作带来一些方向性的指导。通过研究直播账号的内容分类，在众多的细分领域里，要首选自己最擅长的领域。常见的直播账号分类主要有以下几种。

（1）商品导购类：包括美妆、穿搭、好物推荐、商品评测等，目的是把产品推荐给粉丝，作品的内容并不是直接卖产品，而是先对人设进行包装，内容定位一般是化妆和穿搭教程或者是通过自身经验推荐产品等，获得大量且稳定的粉丝后可以进行带货活动，这类账号垂直度较高，变现能力比较强，除了带货还可以通过接广告来产生收入。

（2）知识传播类：各种生活小技巧、才艺技巧、理财知识、摄影教程以及各种职业技能等，主要内容是知识分享，先输出有价值的内容去吸引潜在的兴趣人群，引发粉丝关注，然后引导粉丝购买线上课程。这类账号变现方式比较单一，以售卖自己的课程为主。

（3）娱乐搞笑类：包括搞笑团体，整蛊恶搞、娱乐表演、生活搞笑片段等，比较适合打造个人标签，内容受众比较广，容易吸引粉丝，这类账号主要靠广告业务来实现变现。

（4）记录生活类：主要包括视频博客、萌宠分享、家庭喜剧、工作记录、创业历程、记录萌娃等。他们主要分享自己的日常状态，通过打造个性化内容吸引粉丝，后期进行产品售卖、接广告等方式变现。

（5）科技测评类：包括评测新型的数码产品、技术软件等，介绍产品的实用价值或者前沿科技推广应用。科技测评类属于比较小众的类型，受众多为对数码产品非常感兴趣或是有购买某种数码产品计划的用户。

（6）政府、企业官方账号类：政府账号是为了弘扬正能量，企业账号是为了营销自己的品牌。这类官方账号的宣传推广力度较强，受众人群多。

（7）解说类：包括游戏解说、电影解说、故事解说、人物解说等，主要的内容是通过二次剪辑和配音在短时间内对原本较长的内容进行提炼和解说。解说类内容比较适合刚入门的新手，创作成本较低，受众广且容易吸粉，但是变现能力偏弱。

内容细分的类别还有很多，比如探店、旅行、体育、汽车等。如果新手在开通账号时，不知道自己能做什么，适合怎样的视频内容，可以先选择一级类目，然后依次往下细分，找到自己擅长的领域，确定一个方向之后，坚持去创作和拍摄内容。

（二）直播账号的人设

主播找到一个适合自己的风格和人设并一直坚持可以让用户记忆更深刻，对账号变现及直播带货也大有益处。对品牌、机构来说，人设的塑造可以凸显品牌、提高产品的温度，获取用户信任。具体可以参考以下两点。

打造主播人设

（1）结合个人优势、喜好。主播在自己最熟悉、最擅长的领域才能得心应手，而且更容易发挥自身优势和潜能。要结合自己的优势和喜好，深耕自己擅长的领域，才能够有持续的、优质的内容输出。

图5-1-1　人设IP定位九宫格

（2）明确目标受众。明确自己的目标用户，才能更准确地对人设、风格及内容定位，比如想吸引宝爸宝妈，就可以通过输出育儿干货打造人设；想卖服装，就可以通过时尚搭配、服装测评打造人设。

人设并不是一朝一夕就可以建立起来的，而是通过持续输出优质作品，在不断加强和巩固中建立起来的。人设定位确定以后，主播需要用心去维护，一旦人设崩塌，之前的努力将付之东流。

（三）直播账号的受众群体

电商直播账号的受众群体是基于直播平台的用户属性而决定的，首先要判断所做的直播平台的用户量、用户画像（年龄、性别等）、消费能力等，然后需要匹配适合这类用户的商品。如图5-1-2所示。

图5-1-2　用户画像

（1）精准营销。分析潜在目标粉丝群，可以对特定群体进行精准营销。比如亲子账号的目标粉丝群是妈妈群体，在选择带货产品和广告时就要与育儿等相关。

（2）数据挖掘。利用关联规则计算建立推荐系统，向用户推荐相关产品。比如向喜欢或购买过红酒的用户推荐与之搭配的牛排、酒杯等。

（3）竞争分析。根据目标粉丝群体的特征，找到相关的竞争对手，分析自身的竞争核心能力是否能够让自己突围而出。并找出提升的方向。

账号定位之后，并不是一成不变的，平台规则、热门内容在变，用户需求与喜好也在发生变化，在保持账号整体基调不变的情况下，可以对视频风格，比如封面、字体、表达方式这些做调整、优化。

（四）直播账号定位的维度

直播账号的定位越明确，领域越垂直，粉丝也会越精准，商业变现就会更多。明确账号定位，可以从以下三个维度进行全方位设计，如表5-1-1所示。

表5-1-1　账号定位的三个维度

定位的维度	维度的具体内容
内容定位	账号的内容范畴，主要涉及提供什么服务、提供什么内容信息、卖什么产品等
人设	主播的人物设定，包括性格、行事风格、价值观等，即一种身份标签
内容表现形式	主要以哪种类型视频制作思路和技巧为主；选取合适的直播风格

在售卖同一种产品时，将三个维度的具体内容随机组合，会产生不同的效果，表达的内容和面对的用户也有所区别。比如："福利介绍+工厂老板+剧情表演"，如表5-1-2所示。可设计为：作为工厂的老板给抖音粉丝送福利，通过剧情表演的形式拍摄短视频，吸引粉丝到直播间，直播场景设置在工厂，给观众一种价格十分优惠、已经是最低价的感觉。

表5-1-2 账号定位的三个维度举例

内容定位	人设	视频表现形式	直播表现形式
产品展示	家庭主妇	产品拍摄	主播出镜
福利介绍	邻家小妹	对镜解说	产品展示
产品价值观输出	工厂老板	剧情表演	小窗口视频（画中画）

通过三个要素的随机组合，就能实现差异化定位。直播账号的细分定位很有可能与其他账号高度重合，但是需要提供其他附加价值，让账号极具辨识度，重点体现独特性。

（五）直播账号定位四步骤

1. 找准细分领域（垂直度）

在喜欢、擅长或者有优势的领域进行账号定位。比如在剪辑领域做得非常优秀，可以从剪辑出发，打造一个高质量的剪辑视频号；如果擅长化妆，可以分享美妆知识，做一个美妆达人号。

2. 打造独特人设（个人IP）

从语言、造型、道具、声音等方面打造与众不同的特色，提高辨识度，树立公信力。

3. 吸引精准粉丝（精准粉）

确定粉丝画像，站在用户角度思考，制作粉丝需要的内容，了解用户的兴趣爱好和需求，才能打造一个具有吸引力的账号。

4. 持续内容创作（持续性）

用心打磨内容，持续不断输出有价值的内容，增强粉丝黏性。只有内容持续输出，不断满足用户的需求，才能引进流量、留住用户。

◉ 活动二 直播引流技巧

人是直播带货活动中的核心。如果只有直播场地和直播商品，缺乏人气，直播也就没有了意义。直播带货的最终目的是销售商品，要想实现这个目的，首先要吸引用户进入直播间，有效展示商品，提升直播间的氛围，使用户在热烈的互动氛围中下单购买。同时，主播也要善于引导用户关注自己，让用户成为忠实的粉丝，并努力维持粉丝的黏性。

为直播间引流首先要在直播前对直播活动进行预告和宣传，吸引用户届时观看，为直播间积攒人气。其次需要打造优质的直播标题及封面来吸引更多用户。除此之外，在直播中，主播也需要调动观众的积极性，增强与用户的互动，提升直播间的气氛和人气。在需要的时候，利用平台的推广渠道选择适合的付费推广方案也是有效的引流方式。

一、直播预热引流

直播开始之前除了要做好直播内容的统筹，对直播时长、内容、环节都要做好充足的准备，还需要对直播活动进行预热和宣传，直播预热可以吸引更多的用户进入直播间，提高直播间人气。直播预热是为了让用户提前了解直播的内容，感兴趣的用户就可以在直播时及时观看直播间，从而提高直播间的在线人数。如果预热不到位，很有可能影响观看人数和购买转化率。

（一）直播间预告

1. 短视频常规内容+直播预热

提前发布短视频常规内容时进行直播引导，将短视频与直播内容有效结合，从商品名称、品牌、价格、品质、活动力度等方面吸引。

2. 直播预告视频

提前发布直播预告短视频，内容直接介绍商品名称、品牌、价格、品质、活动力度等，提醒粉丝准时收看直播。

3. 添加利益点预热

将直播间的优惠直接在预热的短视频中提前体现，将利益告知粉丝，利用直播间的价格、福利等优势作为主打宣传，为直播吸引观众。

4. 发布直播片段视频

主播可以利用平台发布直播片段视频，引发用户好奇心，更好地向用户展示直播内容、分享直播屏幕外的动人瞬间，突出直播亮点，进一步导流到直播间。比如聚焦问题和难题，给出价值和方法，预置话题和槽点等。视频内容可以是直播时产品讲解的高光时刻，或者是产品的展示细节。当用户对产品产生兴趣后，就会通过直播片段视频点击进入直播间。

（二）多平台进行直播宣传

针对同一场直播的预告可以发布至多个平台，如淘宝、抖音、快手、微博、微信公众号、小红书等。每个平台都有不同的注意事项、风格特点、预告形式等。如表5-1-3所引，根据进入淘宝直播间的来源渠道分布可以有重点地增加点击量。

表5-1-3　进入淘宝直播间流量的来源渠道分布

封面图点击率	重点来源渠道
封片图曝光次数点击率	1. 主播主页：通过主播个人主页入口展现进入直播间 2. 微淘：通过淘宝微淘关注进入直播间 3. 推荐：包括直播频道、首页"猜你喜欢"、直播间切换等场景的直播推荐流量 4. 直播—关注：通过直播关注频道进入直播间 5. 粉丝群：通过淘宝粉丝群进入直播间 6. 其他：包含宝贝详情、分享回流等未展示渠道汇总

1. 微信图文中添加视频号直播预告

微信图文中添加视频号直播预告，用户就可以直接在图文里预约直播，开播的时候也会收到提醒。用户创建视频号直播预告后，可在公众号后台点击"视频号"组件找到目标视频号，选择直播预约卡片并插入，图文消息群发后，用户可以在图文中直接预约直播。如图5-1-3所示。

2. 淘宝店铺首页、详情页、微淘轮播页引流

淘宝直播发布后会在店铺首页、微淘、详情页等页面展示，随着淘宝的不断升级，淘宝也已经进入了内容时代，微淘作为手淘中一个重要组成部分，已经成为各位掌柜推广引流的

重要端口，而微淘等级越高，相应的权益也越多。如图5-1-4、图5-1-5所示。

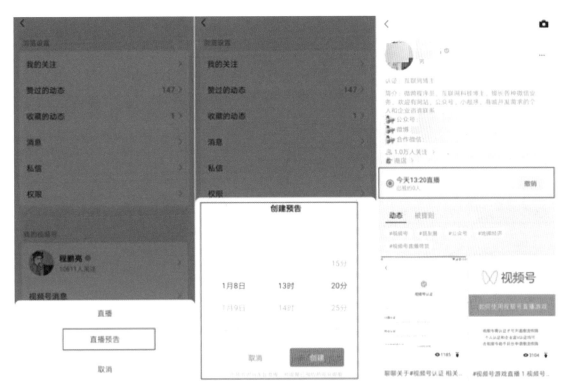

图 5-1-3　微信图文直播预告

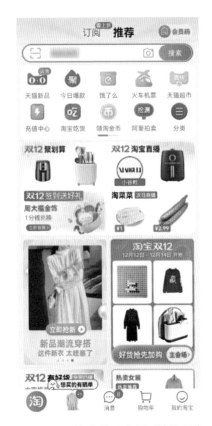

图 5-1-4　淘宝首页直播引流资源位　　　图 5-1-5　淘宝直播广场直播引流资源位

3. 抖音主页、昵称、简介、评论区引流

直播最好每周固定时间，养成用户习惯，如果定期直播可以将昵称或者简介改成每周某个时间段的固定直播，在简介上写清楚直播时间、直播信息。个人主页提前做好直播时间的预告，让用户知晓具体的直播时间，培养忠粉养成定时看直播的习惯。如图5-1-6所示。

店铺首页　　　　　　　　昵称和简介　　　　　　　　评论区

图5-1-6　通过主页、昵称、简介进行引流

（三）粉丝分享

在互联网电子消费时代，粉丝的商业属性不仅以直接的金钱形式反映，还表现在为主播贡献的流量。主播在直播前和直播过程中，都需要有意识地引导粉丝去分享和转发来扩大宣传范围，可以通过福利、红包等方式刺激粉丝分享和宣传直播活动。

（四）社群分享

将直播链接发到公众号、朋友圈、粉丝群中，让朋友和粉丝进来支持和关注，吸引意向用户进直播间，是比较有效的渠道方式。

二、提升直播间人气

大多数主播在一次直播过程中要推荐数十款商品，要想把这些商品都打造成"爆款"几乎是不可能的，主播需要合理安排商品的推荐顺序，用不同商品调动直播间的人气，带动销量，如图5-1-7所示。

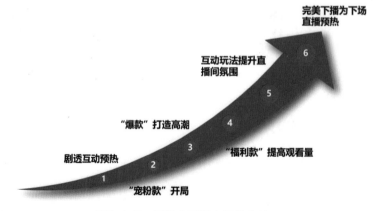

图5-1-7　提升直播间人气的方法

1. 剧透互动预热

直播刚开始时观看人数一般都较少，主播可以通过剧透直播商品进行预热。主播可以热情地与用户进行互动，引导其选择喜欢的商品。常见的方法有用回复口令的方式进行互动，直播评论区一般会形成"刷屏"之势，从而调动起直播间的气氛，为之后的直播爆发蓄能。

2. "宠粉款"开局

预热结束之后，直播间的氛围已经开始升温，这时主播可以宣布直播正式开始，并通过一些性价比较高的商品继续吸引用户，激发用户的互动热情，同时也可以刺激用户养成守候主播开播的习惯，增强用户的黏性。但需要注意"宠粉款"商品要限时限量，并且告诉用户下次直播开始时仍然会有性价比超高的商品，以此提升用户留存率。

3. "福利款"提高观看量

在直播的下半场，即使观看直播的人数很多，还是会有不少用户并非主播的粉丝。为了让这些用户关注主播，并且让新粉丝持续关注直播间，主播就要推出"福利款"商品，推荐一些超低价或物超所值的精致小商品给用户，引导用户积极互动，从而制造直播间下半场的小高潮，提升直播的观看量。

4. "爆款"打造高潮

想要做好直播卖货，必须在直播间打造一个爆款产品，爆款的目的不是在于卖货，而是在于引流。爆款的选品，一定要和所卖的产品相关。主播可以利用直播最开始的剧透引出"爆款"，并在接下来的直播中详细介绍爆款商品，通过与其他直播间或场控的互动来促成"爆款"的销售，将直播间的购买氛围推向高潮。

5. 互动玩法提升直播间氛围

直播时主播不能只顾自己说话，一定要引导用户热情地互动，提升直播间的氛围。直播间的热烈氛围可以感染用户，吸引更多的人观看直播。直播间的互动玩法有很多，如发红包、抽奖、连麦、促销活动、定时投放福袋等。主播需要时刻引导用户点赞、评论，维持直播间的人气，并将直播间分享给更多人，互动数据越高，直播间热度越高。

（1）派发红包。直播间红包的派发也需要按照一定的步骤进行，不能随意发红包，会影响直播间的整体节奏感，如表5-1-4、表5-1-5所示。

表5-1-4 派发红包的步骤

派发红包的步骤	具体做法
约定时间	主播需提前告诉用户10分钟以后准时派发红包，并引导用户邀请朋友进入直播间抢红包，这样不仅可以活跃气氛，还会提升直播间流量。
站外平台抢红包	除了在直播平台上发红包以外，主播还可以在支付宝、微信群、微博等平台上向用户派发红包，并提前告知用户，领取红包条件是加入粉丝群。这一步是为了向站外平台"引流"，便于直播结束之后的效果发酵。
派发红包	到达约定的时间后，主播或助理就要在平台上发红包。为了营造热闹的氛围，主播最好在发红包之前进行倒计时，让用户产生紧张感。

表5-1-5　口令红包的使用限制

使用限制的类型	说　明
使用条件	红包必须满足一定条件才能使用，如"满99元可使用"。
使用期限	红包必须在限定的时间内使用才能获得购买优惠。

（2）设置抽奖环节。直播时应该将抽奖环节分散在直播的各个时段，可以通过点赞数、弹幕数等直播数据来把握直播节奏，避免集中一次性抽完，奖品尽量选择在直播间中推荐过的产品，达到二次推广的目的，如表5-1-6、图5-1-8所示。

表5-1-6　主播抽奖环节常犯的错误

抽奖环节常犯的错误	正确方式
直播间无明显告知，用户在进入直播间时无法在第一时间知道抽奖信息。	点赞量达到某个标准则开始抽奖，尽量避免整点抽奖。
抽奖环节无任何互动。	主播提醒用户发布指定的弹幕和评论，以活跃直播间的氛围，然后启动后台抽奖界面，提醒用户关注主播，提高中奖概率。
抽奖只有一次，没有节奏。	抽奖要有节奏，抽奖一次以后，需要先公布中奖用户，并告知下一次抽奖的条件，以延长直播时长，增加粉丝量。

图5-1-8　抽奖环节的具体设置形式

（3）与主播、名流合作增流。主播与其他大主播连麦PK，可以增加直播视频的丰富度，吸引对方粉丝的关注，主播之间连麦可以互相推流。直播时邀请名人参加也可以有效增加直播间人气。

（4）开启同城定位。开启同城定位后，直播间会出现在"城市页面"，作品和直播活动将会在同城页展示，如图5-1-9所示。

6. 完美下播并为下场直播预热

主播在下播前可以使用秒杀、与用户聊天互动等方式，引导用户点赞、分享直播，在下播之前再制造一个小高潮，给用户留下深刻的印象，使用户感到意犹未尽。在直播的结尾预告下一次直播的时间、主要内容、福利和商品等，引导观众关注下一场直播，同时也能促进用户对主播和直播间的持续关注。

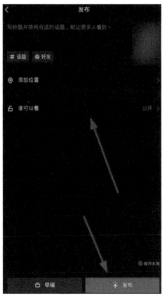

图5-1-9 开启同城定位

三、开展平台内付费推广

如果直播间人气不高，可以使用付费推广模式为直播间引流。下面主要介绍淘宝直播付费推广、快手直播付费推广和抖音直播付费推广。

（一）淘宝直播付费推广

1. "猜你喜欢"资源位

"猜你喜欢"是淘宝首页最主要的流量展现位置，可以向潜在粉丝推荐店铺和主播，提升了吸引粉丝的效率，是较有效的引流方式，如表5-1-7、图5-1-10所示。

表5-1-7 "猜你喜欢"资源位的创意展现样式

创意展现样式	说　明
卡片样式	可以与商品绑定，能够呈现推广商品的标题、价格等，推广的针对性更强，投放效果较好，创意图片可以配上商品利益点（如活动优惠）进行展示。
短视频样式	动态的展现形式可以迅速吸引淘宝用户的注意，但比较考验内容创作能力，短视频的前5秒是否足够精彩，能不能抓住用户的注意力至关重要。
长图样式	可以最大化展示图片场景，使用的图片一定要足够吸引眼球，如服饰穿搭、商品实拍等。

2. "微淘""直播广场"资源位

呈现在"微淘"频道及"直播广场"的广告主要面向粉丝群体，适合增强粉丝黏性，提高粉丝活力，如图5-1-11所示。

（二）快手直播付费推广

1. 快手短视频付费推广

快手短视频是采用叠加推荐机制，短视频在主页出现的频率越高、停留时间越久，就能被更多的用户看到，涨粉效果显著，如图5-1-12所示。

主播可以根据自己的推广意图进行选择，可以单独推广作品，增加作品的点击数、涨粉数、点赞评论或播放数，也可以通过作品为直播间引流，选择直播间引流人数。

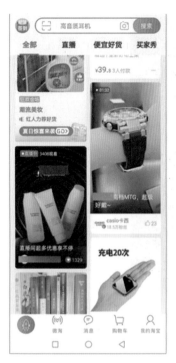

图5-1-10 "猜你喜欢"资源位　　　　　图5-1-11 "微淘""直播广场"资源位

图5-1-12 快手直播推广开通流程

2. 快手直播付费推广

选择直播付费推广的运营者比较少，因为费用较高，且没有像短视频推广的可选项目。在直播付费推广中，可获得的直播间用户与付费金额成正比，但是将用户转变为粉丝还是需要靠主播自身能力，如图5-1-13所示。

（三）抖音直播付费推广

抖音设置了丰富的广告类型，运营者可根据自身需求选择推广方式，实现持续高效获客的目的。

<table>
<tr><td>开始直播前设置参数</td><td>开启"开播时通知粉丝"功能</td></tr>
</table>

开始直播前设置参数　　　　　开启"开播时通知粉丝"功能

图5-1-13　快手直播付费推广

1. 开屏广告

在抖音App开屏展现广告，视觉冲击力强，品牌曝光强。开屏广告也可与首位信息流融合，给用户更沉浸的体验。包含图片、动图、视频、TopView、TopLive五种类型。

抖音TopLive是打开抖音的第一个信息流广告，是经常被用到的引流工具。TopLive占据用户群体打开抖音的必经入口，有效覆盖并触达海量用户。通过10～60秒超长品牌霸屏内容展示空间，给予广告更多内容呈现空间，彰显品牌调性，加深用户群体对品牌信息的认知，建立用户群体对品牌的好感度。

2. 信息流广告

广告展示在抖音App信息流中。适用于线索收集、App下载、商品推广、品牌传播等类型的广告，包含原生、单页、FEED、本地达四种类型。

用户在刷抖音视频时，偶尔会出现直播间实时页面，直接点击屏幕就可以进入直播间，就是FEED直投直播间。这类推广不需要额外拍摄视频，操作简单，也避免了频繁发布、删除低质引流视频带来的被封号风险。所以，商家更愿意选择FEED直投直播间的方式。

3. 搜索广告

用户在抖音搜索内容，命中关键词后，搜索结果展示推广信息。这类型的广告支持品牌推广、App推广、收集线索、商品推广等目标，包含品牌专区、搜索彩蛋、抖音热榜、竞价广告、精准广告共五种类型。

4. Dou+

Dou+是抖音内容营销推广工具，可将视频推荐给更多兴趣用户，助力提升视频播放量、互动量与直播间热度，帮助运营者更好地进行内容运营和品牌建设。

知识链接

Dou+设置和操作流程

5. 企业号

　　企业号为企业提供了身份认证、营销转化、用户管理、数据分析等多项权益。品牌开通企业号不仅能享受多种权益，也可增加粉丝信任度。

知识链接

　　1. 直播促销活动的形式有很多，可以观看各平台的直播活动，在学习中记录和总结。

　　2. 查看巨量引擎官网，了解在抖音上投放广告的不同形式。

任务实训

明确直播账号定位

一、实训目的与要求

1. 目的：明确直播账号定位。

2. 要求：

　　（1）初步梳理求职目标与兴趣爱好，确定账号定位。请从内容定位、人设、表现形式三个维度来描述初步的定位是什么。

　　（2）通过收集竞品信息确定该定位是否有足够大的市场需求。

　　（3）通过竞品分析确定自己能够输出的内容范围。

　　（4）通过竞品分析，确定定位满足的用户需求。

二、实训的内容与步骤

　　1. 以表格的形式提交收集到的竞品内容信息，表格维度包括但不限于：竞品账号名称、内容定位、人设、表现形式、粉丝数、点赞数、转发数、留言数、账号内容呈现风格、竞品账号爆款内容主题、素材类型等。

　　2. 通过调研，获得了哪些信息，这些信息对账号运营有何指导和帮助。尽可能根据粉丝量等维度对竞品账号做分层，以便进一步清楚现阶段的运营目标。

三、实训总结

　　1. 用思维导图或PPT展示本次实训内容：请说明通过本次竞品分析，结合自身优势及特点，判断一下选择的定位是否可以继续做下去，能否做到内容的持续输出，是否要进行调整等。

　　2. 谈谈完成本次实训的心得体会。

　　3. 评价反馈。

【说明】

同学们可以随时根据得到的信息和情况调整定位内容甚至更换定位。

任务二　学习粉丝的运营

任务描述

在粉丝经济时代，对于每一个主播来说，粉丝的数量和忠诚度，决定IP存活的时间和发展的动力。作为直播电商账号必须不断地自我提升品质和价值，为用户提供更好的消费价值和体验，这样才可能持久地生存下去。接下来，晓雯将进一步学习如何获取更多的粉丝并提高其忠诚度。

任务描述

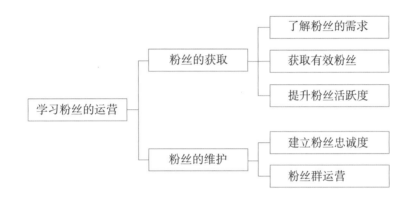

活动一　粉丝的获取

直播电商作为零售的一种新形式，是通过现实人情、体验、互动来搭建消费场景，刺激用户的消费欲。目前用户主要通过碎片式、社交式、消遣式、需求式、沉浸式、追星式六种场景观看直播产生下单行为。

一、了解粉丝的需求

无论做哪个平台的电商直播，都离不开粉丝。电商直播一定要站在用户角度，思考粉丝真正的需求是什么，该怎么去满足他们，为什么他们会使用这个平台App，为什么会来自己的直播间，要想充分了解粉丝的需求，大致有以下几种方法。

1. 收集留言

（1）可以通过各大营销平台、垂直论坛、知名社区、与KOL合作借势等评论区收集用户的留言，了解用户的直接需求。

（2）可以通过直播时，评论区、私信、弹幕等收集用户的留言，了解用户的直接需求。

2. 设置心愿墙

可以在微博、微信公众号、粉丝群等自媒体平台，设置"心愿墙"功能，使用户能够通过这些渠道，将自己的需求告诉主播。

3. 私信反馈

通过对直播活跃粉丝的随机"私信回访"，首先是表达感谢支持，拉近关系，提高粉丝忠诚度；其次是收集直播反馈，哪里做得好，哪里做得不够，收集深度反馈，便于下一次更好的直播。

4. 客服反馈

通过客服在线解答粉丝疑问，主动在粉丝群里收集直播问题。客户的需求是我们永恒的驱动力。

5. 直播观众数据分析

在大数据时代，用户的需求分析变得越来越重要，学会分析直播数据有利于接下来的推广和营销工作。

（1）直播观众的画像。利用专业的数据分析工具可以很清楚地看到直播间用户的性别、年龄、地域等数据。通过数据分析，还可以看到观众购物偏好、价格偏好、视频内容兴趣等。如图5-2-1所示，该主播直播间观众以41岁以上（62.28%）的观众为主，且女性观众较多（93.32%）。直播间观众以北京、沈阳、天津、西安等北方城市居多。

图5-2-1　直播观众画像

如图5-2-2所示，直播间观众购买偏好前三位的分别是女装（49.01%）、首饰（9.06%）、男装（7.58%）；从价格偏好来看，价格多集中在500元以下的范围，其中100—300元之间，占41.99%、价格在50-100元的占17.99%、价格在300-500元的占13.51%；观众们对穿搭（40.73%）、萌宠（14.52%）、影视娱乐（13.71%）、餐饮美食（12.10%）等视频内容比较感兴趣。

（2）弹幕数据。弹幕不仅可以在短时间内快速提升在线人数、增强互动，而且还可以通过弹幕词云及时采集到用户需求，精确了解用户的商品需求和品牌需求。如图5-2-3所示，通过弹幕词云，可以更好地了解直播的热度趋势以及粉丝对播主直播的舆论态度。而弹幕商品需求，则可以反映观众对哪些商品的兴趣比较高，可以通过这些数据来判断在后续的直播中可以持续推广哪些商品。

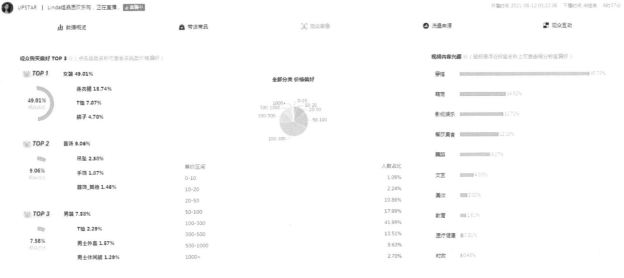

图5-2-2　观众购物偏好

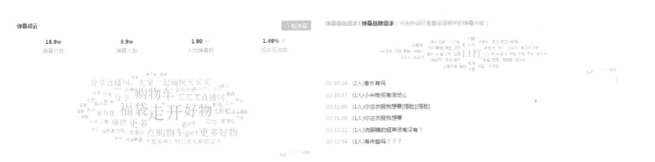

图5-2-3　弹幕词云及弹幕商品需求分析

（3）福袋数据。直播间为了解粉丝的需求，可以不断抛出话题，比如“直播间的小伙伴喜欢什么奖品”“把自己想要的奖品名打在公屏上”，增加直播间的互动，进而了解需求。如图5-2-4所示，通过设置福袋可以有效地提升用户在线停留的时间。

福袋分析

发布福袋个数：33　总参与人次：73088

福袋奖品	福袋类型	参与范围	参与条件	发布时间 开奖时间	参与人数	中奖人数
和风雨洗发水组合	实物	全部观众	发送口令：不要走开！购物车里有话费！,手动参与	18:06:46 18:16:47	2284	5
爱马仕口红	实物	全部观众	发送口令：不要走开！全场好物惊喜价！,手动参与	17:53:56 18:04:08	2576	5
番茄派泡脚包	实物	全部观众	发送口令：不要走开！全场好物惊喜价！,手动参与	17:43:13 17:53:14	1782	5
spes头发免洗喷雾	实物	全部观众	发送口令：福袋里面有spes头发免洗喷雾,手动参与	17:28:43 17:38:52	2219	5
三谷沐浴慕斯	实物	全部观众	发送口令：福袋里面有三谷沐浴慕斯,手动参与	17:16:51 17:26:51	3024	5
唱吧麦克风	实物	全部观众	发送口令：福袋里面有唱吧麦克风,手动参与	17:00:56 17:10:56	3482	5
云麦筋膜枪	实物	全部观众	发送口令：福袋里面有云麦筋膜枪,手动参与	16:47:06 16:57:06	3526	5
MAC口红	实物	仅粉丝团	粉丝团点亮,发送口令：不要走开，稍后有戴森V8 吸尘,粉丝团等级,手动参与	16:34:37 16:44:37	1724	5
金华火腿礼盒	实物	全部观众	发送口令：分享直播间，大家一起痛快买买买,手动参与	16:21:35 16:31:35	2608	5
翼眠波浪	实物	全部观众	发送口令：分享直播间，大家一起痛快买买买,手动参与	16:06:50	0	5

图5-2-4　观众互动之福袋分析

二、获取有效粉丝

很多腰部账号和尾部账号认为自己没有头部账号那么多的粉丝，带货销量就总是限定在某个低级别里，其实很多用户是基于利益而关注的一次性用户，这种粉丝也是极容易成为同类型账号的粉丝。这就要求主播不断挖掘、深耕自己的服务，让这些粉丝转化为更高层次的有效粉丝，也就是常说的"铁杆粉丝"。一般来说，铁杆粉丝有以下几个特征：一是价值观相同，会因为对企业的信任而做出消费行为；二是对产品的接受力强，会主动宣传产品；三是对企业的包容度强，会主动参与企业的社群活动。因此获得有效粉丝的过程，其实就是在转化用户。粉丝的留存一般用"AARRR模型"的漏斗思维来表示，如图5-2-5所示。

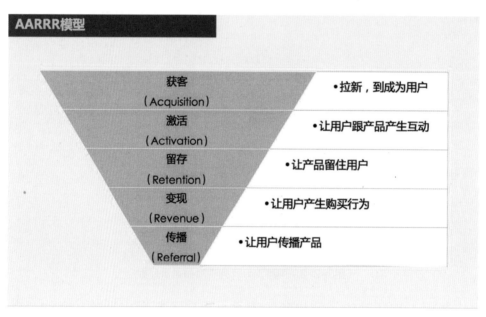

5-2-5　用户的生命周期

从获取用户、激活用户、提高留存、增加收入、传播推荐五个阶段来看，有效粉丝的转化过程，主要需做好以下几点。

1. 确定用户的画像

利用各种工具获得用户的大数据，根据其社会属性、生活习惯和其他行为特征，抽象出的一个标签化的粉丝模型。分析用户画像，一方面可以根据粉丝画像优化直播中选品的品类及客单价范围，另一方面可以为维护粉丝关系提供参考依据。

2. 增强IP意识

建立用户对账号的认知，加强账号的辨识度，提高品牌价值。

3. 深耕私域流量池

根据用户特性和用户画像投放到不同的渠道并引流到私域流量池当中，提高用户的信任度并输出价值。

4. 放大价值属性

培养有效粉丝时要有互利共生，为用户着想的思维，这样才能深入用户内心，增强用户的信任度，并且增加用户的黏性，将普通粉丝彻底转化为"铁杆粉丝"。同样，这些有效粉丝也需要用心运营，要和他们产生长期有效的互动。有效粉丝口碑相传产生的裂变，就可以提高账号和直播带货等的价值，如图5-2-6所示。

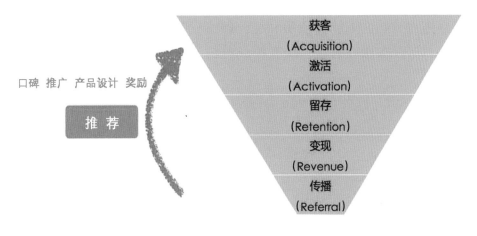

图5-2-6　粉丝裂变

？【想一想】

在直播的时候，利用平台的功能可以采用哪些方法快速提升直播间的人气呢？

三、提升粉丝活跃度

粉丝活跃度是指直播间内粉丝活跃互动的频率。直播账号的运营不仅在于提升账号的关注度，还需要提升已有粉丝的活跃度。粉丝活跃度关乎直播的效果，是衡量直播间氛围和热度的重要指标之一。直播间提升粉丝活跃度的常用方法有以下几点。

1. 粉丝激励

粉丝激励是指主播在不断与粉丝互动的前提下，利用奖励手段鼓励粉丝参与一系列活动，从而活跃直播间气氛，如利用直播间的福袋功能为粉丝发放福利，鼓励粉丝在直播间留言、刷屏。主播还可以用发放红包，上架秒杀产品等方式鼓励粉丝分享直播间，提高直播间人气。

2. 引导评论

主播可以利用一些互动的话术引导观众评论，比如欢迎新进直播间的粉丝回答粉丝在评论区提出的问题。还可以在直播间做一些小的调查，比如在直播手机壳的时候，引导观众回复手机型号等。在主播讲解过程中，所有可互动部分，都可进行粉丝提问，可以迅速增加直播间的活跃度。

3. 互动话题

主播在直播间与粉丝互动时，还要时刻注意弹幕中的话题内容，不可只顾及自己单方面的交流。观看人数少时，可以与粉丝逐个沟通，回答粉丝问题。当直播间观众引出话题时，主播要及时抓住话题信息，在适当的时候引入该话题进行直播间中新一轮的交流。主播需要根据直播主题，引导粉丝讨论某话题、发表看法，并时刻关注粉丝互动情绪，这样能够更好地提升直播间粉丝活跃度。

4. 连麦PK

连麦PK就是两个主播在不同的直播间进行连麦互动，直播画面一分为二，同时显示两个主播，两方的粉丝也可以进入同一直播间中。

当两个主播成功进入PK模式后，两方粉丝通过点赞、刷礼物等方式为自己的主播加油、增加贡献度。根据直播画面上的蓝色条和红色条会实时显示贡献度。主播之间的连麦PK能够提升直播关注度、活跃直播间气氛、提高粉丝参与度。

5. 粉丝福利

除了加强与粉丝的互动外，主播或运营还可以通过发放粉丝福利等手段激发粉丝对自己和直播间的兴趣，刺激直播间粉丝的购买欲，让更多的粉丝参与到互动中，提高粉丝活跃度。粉丝福利包括专属折扣产品、爆款产品提前购买、口令红包、新品内购等。

6. 平台的机制和算法

流量入口对于直播商家至关重要，商家需密切关注平台的算法、推荐机制，积极参加平台打榜活动，获取更多的曝光资源。

7. 邀请粉丝参与线下活动

面对面交流容易产生更多思想的碰撞，好的粉丝活动运营也不能拘泥于线上，而是需要适时发起线下活动，促进粉丝交流。常在粉丝群交流的粉丝，可以进行线下聚会。聚会的同时，直播运营团队可以借机邀请粉丝试用新品、反馈建议，回馈粉丝，增加粉丝参与感和归属感。

（◉）活动二　粉丝的维护

主播不仅要不断吸引新的粉丝，还要维护好原有粉丝，长期维持直播间人气、增强粉丝黏性是十分必要的。

一、建立粉丝忠诚度

主播不仅需要吸引大量粉丝，更需要维护好与粉丝的关系，并保持粉丝忠诚度。为了提升直播间的人气，壮大粉丝群体，提高产品转化率，直播的时候，主播必须做好粉丝的福利激励，持续不断地为粉丝输出价值，有效建立粉丝忠诚度，主要从以下几个方面来建立。

1. 维护粉丝的忠诚度

粉丝与用户的需求是有很大差别的。用户一般追求性价比（工具思维），而粉丝追求认同感、归属感、参与感、炫耀感等感性需求的满足（玩具思维），所以粉丝比用户对主播的贡献度要大很多。要想维护粉丝的忠诚度，就要给予正确的激励。

2. 及时给粉丝新鲜的刺激

所谓及时，就是要在粉丝厌烦之前推出新的产品或新的玩法。如果粉丝的忠诚度原本就较高，其等待与忍耐的周期就会长一点；如果本身的魅力程度尚不足够，一旦不能及时给粉丝新鲜感，粉丝忠诚度会降低。

3. 根据粉丝等级设置不同的福利

主播根据直播间粉丝的不同层级设置不同的权益。为了便于管理，直播间粉丝通常被划分为四个层级：初级粉丝（新粉）、铁粉、钻粉、挚爱粉。每个层级的粉丝都有自己的专属权益，级别越高，享受的权益就越多、越好，确保付出多的粉丝能够得到多的奖赏和荣耀。通过这种方式吸引用户在直播间下单，以提高直播间的转化率。

4. 善于营销和包装自己

主播需要包装自己并对自己进行宣传，要让用户看见自己的实力、执着和用心等，提高粉丝的信任度。

要特别注意的是，上述几种方法并不是相互割裂无关的。在建设粉丝忠诚度的时候，应该将它们综合考虑，融为一体。

二、粉丝群运营

直播电商活动结束后，商家要做好粉丝的维护工作，将直播吸引到的流量转化为自己的粉丝。当粉丝数量达到一定规模后，即便不对电商直播活动进行大规模宣传，也能取得良好的转化效果。直播粉丝群是粉丝维护的重要途径。

1. 建粉丝群

当主播有了一定的粉丝基础之后，可以建立粉丝群，方便粉丝的运营工作。首先要设置群简介、群公告、新人欢迎语及入群门槛。其次在建粉丝群的当天可以在直播间做一些小活动，增加热度，不仅可以带动粉丝活跃互动，也可以刺激用户转化为新粉丝。此后可以在日常直播的时候不断激励观众加入粉丝群。

2. 创造内容

主播需要学会运用粉丝群增强粉丝黏性、扩大自己的影响力。除了要在粉丝群发布与直播相关的内容之外，还要在粉丝群中分享一些"干货"，来提高粉丝的活跃度，比如美妆主播可以分享一些美妆干货、服装主播可以分享每日穿搭等。

在粉丝群中主播会发现哪些粉丝比较活跃，而这些粉丝都有潜质发展成忠实粉丝，主播可以邀请他们成为管理员，负责粉丝群的日常维护。

3. 定期举办活动

可以运用互联网各类App，举办一些主播和粉丝可以互动的小活动，比如K歌大赛、脑筋急转弯、剧情模仿等，最后根据不同结果，奖励小礼物。

4. 设定规则和奖励

为了更好地开展粉丝群的运营工作，可以在群里制定一些规则，比如不可以发什么、聊天不要出现某种言论、不可随意发广告等。还可以在纪念日选出最活跃的粉丝，赠送一些小周边、福利，甚至可以颁发"最活跃小伙伴"等奖项，增强粉丝的活跃度和黏性。

5. 维护技巧

粉丝群的维护除了需要定期发布日常的消息起到宣传目的，还需要利用丰富的小活动提高粉丝群的活跃程度，这样可以增强粉丝的信任度和忠实度。粉丝群的维护有常用的四大技巧，如表5-2-1所示。

表5-2-1　粉丝群维护的四大技巧

粉丝群维护技巧	具体操作方法
红包	群管理员可以在群内设置定向抢红包活动，在增加趣味性的同时，还可以提高粉丝群的活跃度。
投票	通过投票活动可以引导社群成员进行话题讨论，增强社群成员之间的信任，无形中增加粉丝的忠诚度和好感，并获取粉丝需求。
拼团	团队可以定期在群内分享专属信息，粉丝群里粉丝优先得到最新的专属折扣链接、爆款产品提前购、新品内购网址、促销信息等。拼团活动可以大大刺激社群成员下单购买，提高产品的销量。
抽奖	可以配合一些特别实惠的商品做一些抽奖活动，让粉丝积极参与，并活跃气氛，进一步维护好粉丝。

一、实训目的与要求：

目的：掌握直播过程中，粉丝的获取与维护。

要求：

1. 登录某直播平台并观看一场直播，分析直播电商过程中，如何激活用户、拉新用户、转化用户。

2. 直播中互动方式有哪些？简单总结直播活动的开场、过程和结尾的互动。

二、实训内容与步骤

1. 登录抖音平台，观看一场"课程类"（如秋叶系列账号的直播），熟悉直播营销的整个操作过程；

总结主播是如何激活用户、拉新用户和转化用户的。

2. 以发弹幕、加关注、加粉丝团等方式参与直播互动，体会直播互动的方式；

总结直播活动的开场、过程和结果是如何互动的。

三、实训总结

1. 用思维导图或PPT展示本次实训内容。

2. 谈谈实训的心得体会。

3. 评价反馈。

任务三　掌握直播间运营策略

任务描述

通过前面内容的学习，晓雯发现在电商直播活动中，直播运营是IP背后的核心操盘手。直播运营团队除了需要选品、确定供应链、把控产品质量，还需要策划内容和脚本、进行商务沟通、推广引流。什么时候卖什么货品、主播用什么话术引导、直播最终结果怎么样等，这些都是直播运营的主要工作。晓雯在直播后深深体会到自己的直播与其他主播之间的差距，于是继续钻研直播运营的技巧和数据复盘。

任务分解

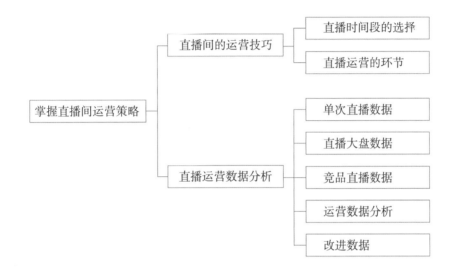

（）活动一　直播间的运营技巧

运营是一切能够帮助产品进行推广、促进用户使用、提高用户认识并基于用户达成商业目标的手段。运营的根基就是拉新、留存、促活、转化和传播。那么如何做好直播运营呢?

一、直播时间段的选择

直播需要黄金时间，在观看人数较多的时段才能达到较好的直播效果。直播时间段的选择需要根据目标人群的习惯来决定。主播需要针对不同品类的账号和目标受众（如美食饮品、男装女装、日常百货、护肤、家纺、玩具、书籍、珠宝玉石等）选择直播时间并不断去测试、对比，找到最合适的直播时间，如图5-3-1所示的美妆产品主播的粉丝活跃时间分布。主播也可以根据不同直播平台用户的活跃时间分布图，选择合适的时间段。

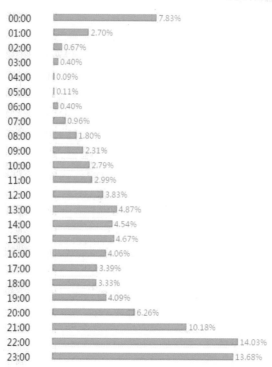

图5-3-1 美妆产品主播的粉丝的活跃时间分布

二、直播运营的环节

直播的流程基本可以分为十二个步骤，如表5-3-1所示。

表5-3-1 XXX直播环节（淘宝直播）

直播主题	例：×××夏季新品发布（从需求出发）
主播	花花地
主播介绍	品牌主理人、时尚博主、模特
内容提纲（流程）	
1	前期准备（直播宣传、明确目标、人员分工、设备检查、产品梳理等）
2	开场预热（适度互动、自我介绍等）
3	品牌介绍（强调关注店铺、预约店铺）
4	直播活动介绍（直播福利、简介流程）
5	产品讲解（从外到内，从宏观到微观；语言生动真实）
6	产品测评（站在顾客的角度360°全方位体验）
7	产品性观众互动（案例讲解、故事分享、疑问解答等）
8	试用分享、全方位分析（客观性、有利有弊，切忌夸夸其谈）
9	抽取奖品（穿插用户问答）
10	活动总结（再次强调品牌、活动以及自我调性）

11	结束语（引导关注、预告下次内容）
12	复盘（问题发现、脚本调整、优化不足等）

运营一场直播主要有以下环节。

1. 选品

直播运营的环节

作为电商主播，直播的目的是将产品售卖给观众，选择什么样的产品至关重要，直播选品主要有三个维度：一是亲自评测平台推荐的好货；二是选择市场热度高的产品；三是根据粉丝的需求选择产品。直播间中每一个类目都应有专业的选品人员收集关于该产品的全部资料并进行评估，尤其是对品牌的来源有严格要求，目的就是保证商品品质，要想经营好直播带货，一定要在选品上慎重。主播也可以通过平台数据分析、挖掘直播间适合营销的商品种类，如图5-3-2所示。

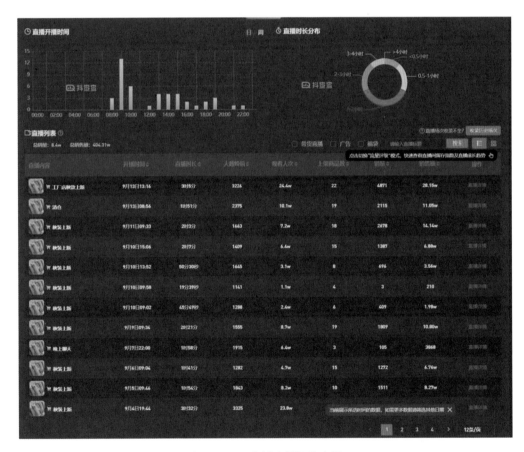

图5-3-2　分析直播间的商品

2. 选择合适的直播平台

目前直播的平台有很多，有的平台适合商家，有的平台适合个人，准入门槛也不尽相同，潜在的人群画像也有区别，主播需要根据所售产品和目标受众选择合适的直播平台。

比如，淘宝直播拥有电商属性，用户选择进入淘宝直播间时就有强烈的购物意愿；快手具有强社交属性，可以全面释放粉丝经济的价值；抖音有大量用户，虽然目前更多的是没有明确购物需求、喜欢浏览商品的用户，但大部分用户都是直播电商的潜在受众；腾讯电商直播拥有规模最大、纯度最高的私域流量池，客户会更加精准；小红书也向所有的创作者开放了申请直播的权限，其更加偏向于营造与其种草属性相配的情感属性；此外，京东、拼多多、蘑菇街等平台也都陆陆续续地加入了直播带货中，各平台仍处于持续加码竞争的阶段，各自的成长空间仍然亟待挖掘。

3. 脚本策划

提前策划好直播间的脚本，如表5-3-2案例所示。可以有效梳理直播流程，保证直播有序、高效进行，增强直播效果。

表5-3-2　直播活动案例

时间点	节奏顺序	抽奖方式	抽奖规则	内容	优惠方式	目的
20:00	开播抽奖			—	—	—
20:03—20:13	产品剧透			按照粉丝需求度进行剧透顺序	—	留住粉丝
20:14—20:20 20:21—20:27	全场福利剧透			满赠/整点抽奖/不定时抽奖/红包/免单/奖品	—	吸引粉丝
	产品导入	1. 全屏抽 2. 抽第一位 3. 系统抽 4. 转盘抽 5. 微淘评论随机抽或抽点赞量最多的	1. 中奖前分享直播间 2. 中奖前已关注直播间 3. 中奖前已下单（产品开售之后）	抛出问题 讨论问题 引出产品（例如：卸妆顺序是否正确）	—	增加粉丝互动
	产品一			讲解为何唇眼要用专门的卸妆水	拍立减	快速提升排名，炒热氛围
20:28—20:33	商家赠品			购买产品一的用户进行额外赠品抽奖/免单	—	刺激下单
20:34—20:42	产品二			科普卸妆巾和洗脸巾区别卸妆巾的用处和优势	秒杀价及赠品	继续拉单量提升排名
20:43—20:48	点赞抽奖			关注、分享可参与	—	—
20:49—20:54	产品三			抛出问题（是否使用卸妆油）分享卸妆油的功效与作用和用法	拍立减	继续拉单量提升排名
20:55—20:59	产品四			分享红人日常使用心得	秒杀价	拉高在线，准备主推热门

4. 引流

直播流量一般来自粉丝、同城推荐、视频预热、广场推荐、主播导流等几个方面。根据这些流量来源，有针对性地分析、处理、优化，达到增加流量的目的。比如，如果来自同城的观众少，可以打开定位，获取更多同城用户；如果视频推荐的流量少，要复盘视频为什么不够吸引人；来自直播广场的太少，可以尝试优化直播封面和标题；主播增强对产品的熟悉度和对直播用户画像的了解程度以及抓住用户的想法，对于不断提高直播间的人气、活跃气氛，都至关重要。

5. 直播话术

根据直播间不同的状况，采用不同的话术拉近与观众的关系，使观众对主播产生持续信任，并刺激观众购买，如留人话术、互动话术、产品介绍话术、催单话术、成效话术、结束话术等。

6. 主播造型

想成为一个合格的主播并不容易，需要修炼自身，并对自身进行包装。随着直播带货的主播们越来越多，普通人、网红、商家甚至明星都参与进来，竞争越来越激烈。一般直播间的客户画像决定了主播及其直播风格，如妆容、心理、专业度、风格、背景等。

7. 直播间的搭建

直播间采用什么的风格、运用什么样的灯光、使用什么样的背景等都会影响用户的感觉。直播间的搭建应该根据时间、季节、所售商品、目标用户等多层面因素完成，为用户提供优质的观看体验。

8. 数据分析

通过对直播数据的分析指导接下来的运营工作，日常持续关注负责产品的流量、销售、转化等数据，加深对产品和用户的了解，并对其进行针对性优化和提升数据指标。

活动二　直播运营数据分析

每场直播都会生成大量数据，主播和运营人员可以根据这些数据制定相应的直播方案，提升直播效率。主播和运营人员要重视直播间营销数据的转化，积极策划直播间活动，有效率地与粉丝互动，这样才能促成一场高效互动的电商直播。

一、单次直播数据

单次直播活动即时数据包括直播间基础数据及复看、流量来源、粉丝资产等数据，可以通过不同平台的数据获取渠道和平台提供的工具收集数据。

1. 直播间基础数据

（1）PV：指页面浏览量或点击量，用户每访问直播间一次均被记录1次PV。

（2）UV：指访问直播间的人数，在同一天内，进入直播间的用户最多被记录一次UV。

（3）取关粉丝数：通过数据后台，可以看到取消关注的粉丝数。

（4）平均停留时长：指用户观看总时长与观看总人数（UV）之比。

（5）粉丝回访率：粉丝的有效回访或总共回访的人数。

（6）粉丝互动率：即参与互动粉丝的人数与观看总人数（UV）之比。

（7）粉丝画像：就是把一个一个标签的集合组合起来，把一个群体具象成一个人的形象。

（8）粉丝转粉率：即新增粉丝数与路人观看数（观看人数减去粉丝回访数）之比。

（9）粉丝地域分布：粉丝在省、市区域分布情况。

（10）下单转化率：有效订单数/访客数。

（11）UV价值：全场销售额/观看总人数（UV）。

（12）商品点击率：商品点击数/直播间人数。

了解这些基础数据之后，主播可以判断直播内容的质量、对粉丝的吸引力等，从而方便主播随时调整直播内容、改善直播质量。关注日常直播运营中的各项数据，巧妙利用数据信息进行复盘、调整，可以极大地提升直播效率和质量。如图5-3-3所示，运用工具查询某品牌账号的直播数据。

2. 复看数据

复看数据是指访客的点击率，也就是单个客户进出直播间的次数。复看数据的计算方法为：PV/UV。复看数据反映了主播在直播间的运营是否到位，以及粉丝与直播间、产品和店铺的黏性情况。

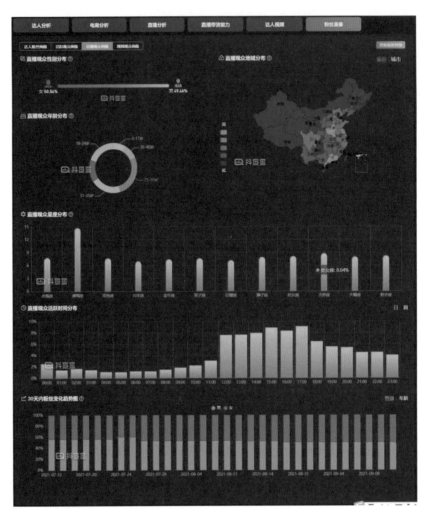

图5-3-3　某品牌抖音账号的直播观众画像

3. 流量来源数据

流量来源数据反映的是进入直播间的客户通过何种方式进入的直播间，主播应予以关注。不同的直播平台流量来源会稍有不同，例如，抖音直播平台的流量来源主要有同城推荐、直播推荐、视频推荐、关注等；淘宝直播平台流量来源有直播推荐、店铺、关注、微淘、共享同流、开播推送等。

流量来源数据是影响直播间实时流量的重要指标，主播必须充分利用现有的资源，使每个来源渠道的流量最大化。如果主播发现某一渠道的流量不高，就需要集中精力对该渠道进行优化，增加该渠道的活跃度，实现为直播引流的目的。

4. 粉丝资产数据

粉丝资产数据主要通过粉丝观看直播时长、新增粉丝数等数据体现。

粉丝观看直播时间越长，说明直播内容对其吸引力越大，粉丝的黏性也就越高。新增粉

粉丝列表画像　直播观众画像　视频观众画像　　　　　　导出

| 在 **619.6w** 粉丝数中

女性 居多　　**31-40岁** 居多　　**广东、江苏、四川** 居多　　**苏州、潮州、黔东南** 居多
一天中喜欢在 **22:00、21:00、20:00** 活跃　　一周中喜欢在 **周一、周二** 活跃
86.52% 粉丝活跃　　　**手机** 居多　　粉丝成交类目 **其他** 居多
粉丝消费水平 **50-100元** 居多

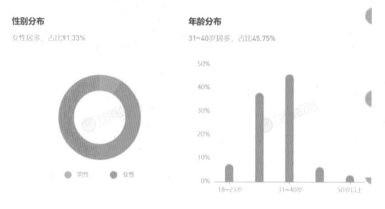

性别分布
女性居多，占比91.33%

年龄分布
31~40岁居多，占比45.75%

地域分布

省份　　城市

粉丝最多的3个省份：广东（11.84%），江苏（8.85%），四川（8.3%）

广东	11.84%
江苏	8.85%
四川	8.3%
浙江	6.87%
山东	6.31%

高 12%

低 0%

粉丝活跃时间分布
粉丝活跃最频繁的时间：22:00（9.6%），21:00（8.9%），20:00（7.8%）

日　周

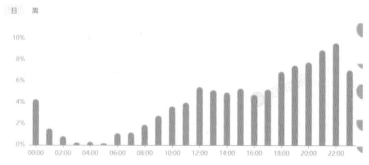

图5-3-4　直播间粉丝流量数据图

丝数是粉丝资产数据中最重要的一项指标，也是直播平台权重最大的一项指标。此外，主播还需要关注直播间即时观看人数、销量、点赞数据、评论数据，以及主播正在推荐商品的点击次数等。如图5-3-4所示的直播间粉丝流量数据图。

其中，商品点击次数越多，说明该商品在直播中的吸引力就越大。如果商品的点击次数较少，主播应注意提高商品在直播话术中的渗透率，然后抓住粉丝的"痛点"，制定适当的营销策略在直播中推荐商品，以提高商品的下单转化率。

5. 在线人数

一般来说，直播间在线观看人数较高时，游客的占比就会提高。这时主播就要及时引导游客关注直播间，将游客变成自己的粉丝。与此同时，人气较高时也是推荐主产品的关键时刻，主播要及时做好主产品的讲解工作。

在线人数较多时，主播还可以提前介绍下将要发放的福利、折扣和优惠券等，同时也可以巧妙地向粉丝预约下一场直播，向粉丝透露下一场直播的精彩内容，为下一场直播提前预热。这样做可以提前为直播"蓄水"，引导粉丝留存和转化。

直播间在线人数较低时，主播应该从介绍产品中抽身出来，集中精力做好与粉丝的互动，例如，积极回答粉丝的提问、向粉丝征求意见、帮助粉丝解决困惑等，通过这种方式活跃直播间气氛，增进与粉

丝的感情，提高粉丝的参与度，引导粉丝为直播间做宣传，从而引入更多流量。

除了关注直播间中控版面上的数据外，主播还要时常点击查看直播间后台数据。进入更详细的数据版面后，面对种类繁多的数据，主播需要重点关注两个数据，分别是商品点击量和实时在线人数。分析实时在线人数可以得到更多反馈信息，例如，直播过程中流量突增受哪些因素影响，利用补救措施进行流量补充发挥了多大作用等，如图5-3-5所示。

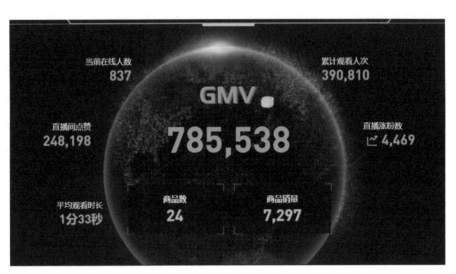

图5-3-5　直播实时数据大屏

6. 商品点击量

在分析商品点击量时，主播可以选取三个指标进行分析：商品总点击次数、某个商品的点击次数、商品点击次数中粉丝的占比如表5-3-3所示。

表5-3-3　商品点击量分析的三个指标

指标	分析
商品点击次数	对于一场直播来说，商品总点击次数越高，说明直播吸引的观众越多，而且观众购买商品的积极性越高。
某个商品的点击次数	某个商品的点击次数越高，说明该产品越受欢迎，转化能力超强，如果主播高频展示同类产品，有助于激发粉丝的购买冲动。
商品点击次数中粉丝的占比	如果一款产品的点击次数较高，但粉丝点击占比不高，就说明这款产品可能更受公域流量人群（公域流量人群指的是还没有成为主播粉丝的人群）的喜爱。如果一款产品能吸引非粉丝人群点击购买，主播或商家就可以利用这款产品持续吸引粉丝。

知识链接

除各类直播数据外，主播还应关注直播间的评论数据。评论数据通常包括每分钟评论数量、每分钟评论人数、非粉丝评论情况等。直播间评论数据的分析能够让主播更快、更精准地判断出直播内容的吸引程度、客户或粉丝关注的内容、直播间的热度等。例如主播卖的是A商品，但是大量的客户在直播间询问关于B商品的信息，这就说明当前客户对于B商品更感兴趣，主播可有针对性地调整营销策略。

二、直播大盘数据

直播大盘数据是指整个直播行业的排行及各种指数，能够科学地反映整个直播市场的行情。直播大盘数据主要包括主播排名、大盘数据转化、主播活跃度、地域分布和产品信息等，部分直播平台（如抖音直播平台等）就会汇总给出该数据，主播可直接查看，也可从某些第三方数据平台（如飞瓜数据、灰豚数据等）中获得该类数据，如图5-3-6所示。

图5-3-6 某品牌抖音直播大盘数据

通过分析直播大盘数据，主播能更清楚地了解其他主播的排名动态、排名靠前的直播行业情况、直播间活跃度、粉丝数、观看直播的人群特征，如年龄段分布及性别比例等，以及直播行业的实时动态，如直播排名靠前的相关商品类目等。

三、竞品直播数据

竞品直播数据指的是与自己经营同类商品的主播的有关情况。主播需要选择适当的竞争对手进行分析，如同时段开播、同标签、同产品定价、同等级流量的主播。主播需要分析的直播竞品数据包括主播个人流量情况、同时段主播数据、主播个人销售转化、同标签主播数据、同期主播数据、同产品主播数据、同等流量的主播数据和指定主播数据等，基于这些数据分析确定与自己相匹配的竞争对手，进而取长补短，促使自己不断提升直播能力，如图5-3-7、图5-3-8所示。

图5-3-7　同级别的抖音号对比1

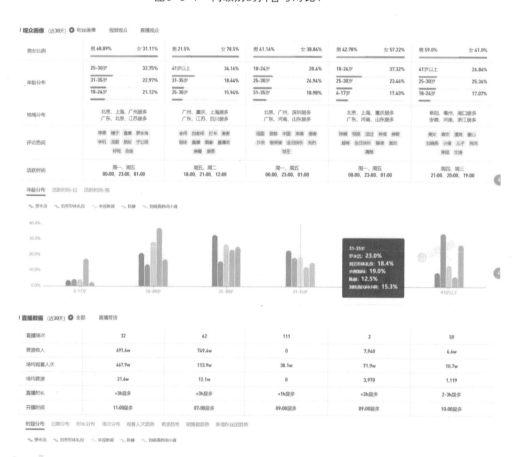

图5-3-8　同级别的抖音号对比2

四、运营数据分析

从人员的分工来看，主播复盘需要关注脚本和各种话术以及捧场的能力；场控要关注整个流程设置，包括选品、排品，视觉效果以及各种重要数据维度；运营要关注引流，视频发布、投放效果；助理则要关注后台的操作配合，如表5-3-4所示。

角色	复盘方向	关注维度
主播	直播状态	脚本、开场话术、互动话术、憋单话术、促单话术、产品话术、控场能力
场控	直播效果	选品、排品、组合、流程、节奏、视觉效果、人气、转化
运营	投放效果	视频发布、投流时机、投放金额、投放目标、投放效果
助理	后台操作配合	上下架产品、库存、优惠券、进店、点击、下单
客服	粉丝需求	中奖粉丝、高频问题、粉丝需求

不同的类目、不同的主播、不同的运营可能会根据不同的目的，分析不同的数据，从而发现规律和问题。但总的来说直播数据主要需分析以下四类。

（一）流量

直播流量数据可以看出用户的来源，如图5-3-9所示，这场直播的观众主要来自"关注""其他"和"视频推荐"，"其他"是指观众来自直播广场推荐和直播付费推广等。通过这些数据可以分析出哪种宣传最有效以及在推广过程中的薄弱环节，从而找到接下来宣传推广的重点和需要改进的地方。

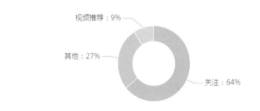

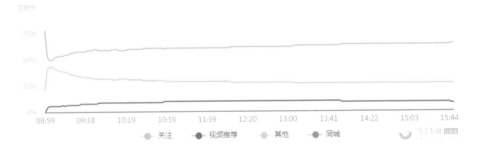

图5-3-9 直播间流量来源图

165

通过直播流量数据还可以看出观看直播的观众来源比例，如果原有粉丝较多，新观众较少，后期运营就需要采取一些吸引粉丝的措施，这样直播间的流量才会进一步扩大。

直播间的观众总数代表了本直播所在的流量层级。如图5-3-10所示，这场直播观看人数达11万。平台会根据完播率、点赞率、评论率、转发率等进行下一轮推荐的筛选，进而获得平台更大的推荐流量。

图5-3-10 直播间人气数据和带货数据

如图5-3-11所示这场直播新增粉丝490人。新增粉丝数的多少可以体现直播间是否能抓住粉丝、直播间的风格和活动够不够吸引人。平均在线人数决定了直播间的人气，是判断能否带动货的前提，平均在线能稳定在50人，就有基本的带货能力。还有千次观看成交额为308.2元，可以跟上一次的直播和本行业排行靠前的账号进行比较，来判断是高还是低。

如图5-3-11所示的UV价值为0.76，即平均每个进入直播间的用户所产生的价值为0.76元。如果UV<1元，说明直播间的直播和商品还需要进一步优化，当然UV价值也受客单价的影响。

图5-3-11 直播间的基础数据

（二）互动

互动指标包括转粉率、人均停留时长、销售转换率等。

转粉率=$\dfrac{\text{新增粉丝数}}{\text{观看总人数}}$（每100人中有多少人想要下次继续看到该直播内容）。图5-3-11的转粉率为0.45%，相对来说是偏低的，图5-3-12的观众平均停留时长为1分12秒，很显然平均停留时长越长，说明观众对本次直播间直播内容的兴趣越大，越具有吸引力，也就越容易上直播广场推荐。如果停留时长很短，说明我们直播间的话术或者节奏出了问题。互动率=$\dfrac{\text{评论人数}}{\text{观看总人数}}$，评论人数越多说明直播内容的更具吸引力。

用户的购买倾向和主要需求，还可以通过弹幕词云得到体现，如图5-3-12所示。通过弹幕词的数据可以分析粉丝喜欢聊些什么，在下次直播的时候就多准备一些相关话题，去调动整个直播间的气氛。当然也可以通过弹幕词云，知道观众对哪些商品感兴趣，在之后的直播过程中，这些他们感兴趣的商品可能就会是下一个爆款。

图5-3-12 弹幕词云数据

（三）转化

在完成引流工作后，接下来最重要的就是转化。一个用户从浏览、停留、关注、下单到最后付款，每一环节中都会有用户流失，提高各个环节的转化率，一直是运营的最核心的工作之一。转化率的提升，意味着更低的成本、更高的利润。

图5-3-14清晰地展示了直播间的转化率，反映了直播间的购买力和主播的带货能力。如果商品点击率过低，可能需要调整商品图片介绍以及产品话术。如果是购买转化率过低，可能是商品的价格或者是库存，也有可能是促单话术等原因。由此层层寻找每一步用户流失的原因，进而提升转化率。

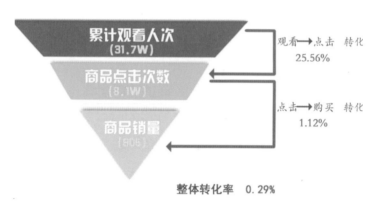

图5-3-13　某直播间的转化心地漏斗数据

　　通过数据分析平台，可以看到直播间的每一件商品，它的讲解时长、预估销量、预估销售额及其转化率，如图5-3-14所示。

图5-3-14　某直播间的带货商品的转化率

（四）用户画像

　　直播间的用户画像，包含了年龄、性别、兴趣、地域，甚至星座分布和粉丝活跃时间分布等的数据分析，掌握了用户的这些数据，无论是选品还是直播间的优化，都能找到合适的切入点，如图5-3-15所示。

性别分布

男性：50.34%　　　　　　　　　　　　女性：49.66%

年龄分布

41+ (14.77%)　　　6-17 (3.98%)
18-24 (14.77%)
36-40 (11.08%)
25-30 (28.41%)
31-35 (26.99%)

视频内容兴趣 ⓘ（鼠标悬浮在标签名称上可查看细分标签偏好）

餐饮美食　　　　　　　　　　　　　　13.20%

运动　　　　　　　　　9.55%

母婴　　　　　　　　　9.55%

穿搭　　　　　　7.87%

影视娱乐　　　　7.30%

游戏　　　　6.46%

汽车运输　　　6.46%

时政　　　5.34%

萌宠　　4.49%

商务服务　3.65%

图5-3-15　用户画像

五、改进数据

结合直播大盘数据，强化自身优势，并及时解决直播中出现的问题（如调整直播竞品、调整直播时间、调整直播风格等），将有助于提升直播效率，促进直播转化率。一般情况下，主播可以从流量指标、人气指标和转化指标三方面对直播数据进行改进。不同的数据可以体现出直播中不同环节的问题，有针对性地对直播活动进行改进会扩大直播流量，提高带货能力。如表5-3-5所示，根据数据反映出的问题，不断优化方法，最终从量变到质变。

表5-3-5 抖音直播自检体系

自查问题	数据指标	优化方法1	优化方法2	优化方法3	优化方法4	重要性
流量	点击率/推广	点击率	视频流量	直播广场流量	推广流量	
停留时间	平均停留时长	直播间场景	主播人设形象	内容专业/才艺	产品福利	
互动	互动率	扣数互动	回复	内容分享	销售悬念互动	
涨粉	转粉率	口头引导	粉丝团引导	关注福利/秒杀	内容引导关注	
销量	转化率	痛点刺激	FABE讲解	产品形象展示	稀缺氛围营造	
回头客	复购率	开播粉丝预告	专业客服流程	私域粉丝运营	产品体验优化	
……	……	……	……	……	……	

通过数据复盘，结合本场直播的预期目标、整理数据、分析数据、横向对比，总结规律。除了通过各个平台查看和分析各种数据外，还可以有针对性地自制表格，对比分析数据，迭代优化，使每一场直播都能达到预期的目标。

团队实训

掌握直播平台运营策略

【任务目标】

选择任意直播平台，完成从开通、调试到添加商品、开展直播等全流程操作实训。本次任务需要团队协作掌握直播平台运营策略，实操完成后将实操情况总结汇报。

【实训目标】

（1）熟悉不同直播平台的区别。

（2）掌握任一平台的深度操作，并参与直播互动。

（3）掌握直播电商平台的引流与运营技巧。

【组织形式】

以4~8人为一个学习小组，以小组为单位商讨直播平台全流程操作的方案。

【主要内容】

（1）下载直播平台并观看一场直播，要求熟悉直播营销的操作过程，总结直播引流与运营维护的技巧。

（2）以发布弹幕、加粉丝群等方式参与直播互动，要求理解直播互动的方式，总结直播活动的开场、过程和结尾的操作。

（3）组长对团队实操情况做一个简要分析介绍，形成实操总结汇报。

团队组长在实操进行前对团队成员进行分工；实操进行中协调处理实操过程中的各项问题；实操结束后对实操过程进行总结汇报（可选用PPT、视频等汇报形式）。实操全部结束后各组选派队员进行实操情况汇报。

评分内容	分数	评分
态度认真，分工合作	20	
实操完成情况	50	
实操创新点	10	
实操总结汇报表述清晰、流畅	20	
总评		

项目总结

通过本项目学习，晓雯学会了如何对直播账号进行设计、掌握了直播引流技巧、学会粉丝运营及直播间运营策略，基本能够直播运营助理岗位要求的技能。她在不断实操过程中锻炼了自己的技能，培养了团队合作意识。现在，晓雯决心借助自己的所学、所悟，与小组成员一起，整合各种新媒体手段，制定出符合自身和市场需求的直播电商活动，并信心满满地踏上直播电商未来发展的新征程。

评价项目	评价内容	评价标准	评价方式			
			自我评价	小组评价	教师评价	企业/导师评价
职业素养	安全意识责任意识	A. 作风严谨、自觉遵章守纪、出色完成实操任务 B. 能够遵守规章制度、较好地完成实操任务 C. 遵守规章制度、未完成实操任务 D. 不遵守规章制度、未完成实操任务				
	学习态度	A. 积极参与教学活动、全勤 B. 缺勤达本任务总学时的10% C. 缺勤达本任务总学时的20% D. 缺勤达本任务总学时的30%				
	团队合作意识	A. 与同学协作融洽、团队合作意识强 B. 与同学能沟通，分工、协调工作能力较强 C. 与同学能沟通，分工、协调工作能力一般 D. 与同学沟通困难，分工、协调工作能力较差				
专业能力	熟悉直播平台操作流程	A. 学习活动评价成绩为90~100分 B. 学习活动评价成绩为75~89分 C. 学习活动评价成绩为60~74分 D. 学习活动评价成绩为0~59分				
	建立直播团队	A. 学习活动评价成绩为90~100分 B. 学习活动评价成绩为75~89分 C. 学习活动评价成绩为60~74分 D. 学习活动评价成绩为0~59分				

评价项目	评价内容	评价标准	评价方式			
			自我评价	小组评价	教师评价	企业/导师评价
专业能力	实训任务测评	A. 按时完成实训操作与任务测评，实操总结汇报表述清晰、流畅 B. 按时完成实训操作与任务测评，实操总结汇报基本清晰、流畅 C. 未能按时完成实训操作与任务测评，实操总结汇报表述错误较多 D. 未完成实训操作与任务测评，无实操总结汇报				
	创新能力	学习过程中提出具有创新性、可行性建议	加分奖励			
	学生姓名		综合评价等级			
	指导老师		日期			

▌▌▌ 项目实训

一、单选题

1. 直播的三要素不包括（　　　）。

A. 人 　　　　　　B. 品 　　　　　C. 货 　　　　　D. 场

2. 下列反映主播的直播控场能力的是（　　　）。

A. 建立个人IP 　　　　　　　　B. 突出商品亮点

C. 营造直播间氛围 　　　　　　D. 灵活运用专业词汇讲解

3. 在设计直播封面图时，需要注意的问题不包括（　　　）。

A. 展现固定信息 　　　　　　　B. 干净、整洁

C. 使用拼图 　　　　　　　　　D. 展示直播间特色

4. 在人数不多的新直播间，采用派发红包的方式提升直播间人气，下列做法中不正确的是（　　　）。

A. 让用户进入粉丝群，在群内发红包

B. 介绍完一款商品后立刻发红包

C. 拿着手机对着镜头展示抢红包的人数

D. 让用户关注主播

5. （　　　）是真实用户的虚拟代表，是建立在一系列真实数据之上的目标用户模型。

A. 用户画像 　　　B. 用户账号 　　　C. 用户参与度 　　D. 用户偏好

二、多选题

1. 账号定位的三个维度（　　　）。

A. 内容定位 　　　　B. 人设 　　　C. 账号包装 　　D. 以上都是

2. 账号定位四步骤（　　　）。

A. 找准细分领域（垂直度） 　　　　B. 打造独特人设（个人IP）

C. 吸引精准粉丝（精准粉） 　　　　D. 持续内容创作（持续性）

3. 调动直播间人气的方法有（　　　）。

A. 剧透互动预热　　　　　　　　　B. 宠粉款开局

C. "爆款"打造高潮　　　　　　　　D. 福利款制造高场观

E. 完美下播为下场直播预热

4. 抽奖环节的具体设置形式有（　　　）。

A. 签到抽奖　　　　B. 点赞抽奖　　　　C. 问答抽奖　　　　D. 秒杀抽奖

5. 秒杀款或者库存不多的产品，一定要及时（　　　）。

A. 卖完即止，无需关注　　　　　　B. 关注直播间内产品的优惠券的数量

C. 关注直播间链接是否异常等相关问题　　　D. 关注库存

三、判断题

1. 主播在介绍商品时，一味强调商品"很便宜"，是非常明智的宣传手段。（　　　）

2. 低价商品对用户具有吸引力，所以商家在直播中应以低价策略为主。（　　　）

3. 直播运营是对直播现场的把控与货品的对位关系进行调整，对如何调动粉丝与店铺的互动进行策划，后期要根据后台直播数据进行货品调整和搭配。（　　　）

4. 直播的黄金时间就是当天直播的时候，在线最高观看人数的时间点，具体的黄金段时间，要根据目标人群的习惯来进行判断。（　　　）

5. 流量来源数据反映的是进入直播间的客户通过何种方式进入的直播间，主播应予以关注。（　　　）

四、案例分析题

作为一种新兴的营销业态，直播带货近年来发展势头迅猛，特别是在新冠肺炎疫情期间，不少明星、企业家等纷纷化身主播在互联网上"带货"，给脱贫攻坚、复工复产等添了一把旺火，助力乡村振兴。

不过，直播带货在蓬勃发展的同时，也一直被虚假宣传、售后服务差、数据注水、不正当竞争等问题困扰。与传统销售模式相比，直播带货经营模式更加复杂，平台、主播等的责任划分不够清晰，因此更需要明确直播产业链上的各方主体责任，并将其置于规范和法律的框架之中，有效保障各项监管落到实处。

运用所学知识，回答下列问题：

1. 结合直播电商的常见数据指标，我们可以从哪些方面对直播数据进行改进？

2. 请谈一谈直播如果在线观看人数较低，主播该怎样运营自己的直播间，做好直播活动的引流与维护呢？

3. 请查阅相关学习资料，谈谈直播电商未来的发展趋势。

五、场景实训题

请以小组为单位，设计一个直播账号，并进行实战运营，分析该账号的用户画像和粉丝数据。